Quitten

**DAS COMEBACK
EINER VERGESSENEN FRUCHT**

HÄDECKE

Quitten

*DAS COMEBACK
EINER VERGESSENEN FRUCHT*

*LUCAS ROSENBLATT
FREDDY CHRISTANDL*

1. Auflage der Neuausgabe 2007

Lizenzausgabe für Hädecke Verlag, D-71256 Weil der Stadt
www.haedecke-verlag.de
Alle Rechte vorbehalten, einschließlich derjenigen des
auszugsweisen Abdrucks und der elektronischen Wiedergabe.

© 2007 Fona Verlag AG, CH-5600 Lenzburg
www.fona.ch
Verantwortlich für das Lektorat: Léonie Haefeli-Schmid
Gestaltung Umschlag: Dora Eichenberger-Hirter, Birrwil
Gestaltung Inhalt: Ursula Mötteli, Grafikdesign, Aarau
Bildnachweis: Evelyn und Hans-Peter König, Zürich (alle Foodbilder); Eidg. Forschungsanstalt
Wädenswil (Seiten 20, 23, 50, 51, 66, 79, 114); Verlag Landwirtschaftliche Lehrmittelzentrale,
Zollikofen, «Obstsorten» (Seite 25, Ronda und Vranja); Holger Beckmann, Frauenfeld
(Seiten 9, 10, 11, 28, 57, 90, 104, 105); Beat Ernst, Basel (Seiten 18, 19, 41); Robert Nöthiger,
Aarau (Rezeptvignetten); Claudia Albisser (Seite 121)
Textnachweis Einführung: Eidg. Forschungsanstalt Wädenswil; «Obstsorten» (Verlag Landwirt-
schaftliche Lehrmittelzentrale, Zollikofen); «Warenkunde Obst», Band 1 (Günther Liebster, Hädecke);
«Die Quitte» (Monika Schirmer, IHW-Verlag 2000); Walter Tschümperlin, Perlen
Printed in Germany

ISBN 978-3-7750-517-3

Inhalt

Einführung

14 Die Frucht mit den vielen Namen
16 Die Herkunft der Quitte
17 Die Quitte in Geschichte und Heilkunde
21 Der Baum mit den wunderschönen Blüten
23 Quitten – gelb wie die Sonne
24 Quittensorten-Auswahl für den Hausgarten
29 Hausapotheke
31 Küchenpraxis

Vorspeisen – Suppen

34 Bunter Herbstsalat mit Quitten
   an Quittendressing
36 Poularde auf Quitten-Pomelo-Salat
38 Quitten-Cottage-Cheese-Burger
40 Lauch-Quitten-Terrine mit süßsaurer Sauce
41 Kokossüppchen mit Scampi und
   Curry-Quitten
42 Karotten-Quitten-Süppchen mit Ingwer
42 Eintopf mit Wurzeln, Hafer und Quitten

Vegetarische Gerichte

46 Chili-Quitten auf bunten Bohnen
48 Quitten-Schwarzwurzel-Gemüse
   auf roter Sauce
50 Kartoffel-Quitten-Rösti
51 Kichererbsen mit Quitten und Tempeh
52 Reis mit buntem Gemüse und Chili-Quitten
52 Kartoffel-Quitten-Curry
54 Pastinaken-Quitten-Rösti mit
   Gemüseklößchen
56 Tortillas-Schnecken mit mariniertem Gemüse
57 Knödel mit Pilzen, Wurzeln und Quitten
58 Laubfrösche mit Curry-Bulghur-Füllung
60 Gerührtes Gemüse mit Quitten auf Nudeln

Fleischgerichte
Fischgerichte

64 Kalbfleischröllchen mit Quittensauce
66 Schmorbraten vom Rind mit Pflaumen und Quitten
67 Lammfleisch mit roter Currysauce und Curry-Quitten
68 Wildlachs auf Quittenallerlei
70 Zander auf Lauch mit Quitten-Ingwer-Butter

Süße Gerichte

74 Quittentaschen auf Quittensauce
76 Quittentörtchen
78 Quitten-Reis-Pfannkuchen
78 Quittenauflauf
79 Vogelheu mit Quittenstäbchen
80 Liwanzen mit Quittenkompott

Desserts

84 Strudel mit Dörrfrüchten und Quitten
85 Reiskuchen mit Quittenstückchen
86 Getreidesalat mit Kefir und Quitten
86 Mandel-Clafoutis mit Quitten
88 Herbstfrüchte an Rotweinsauce mit Zimtparfait
90 Gugelhupf mit Quittenwürfelchen
91 Dreierlei Nudeln mit Zabaione und Nüssen
92 Quittencreme «katalanische Art»
92 Quittengrütze
94 Brot-Quitten-Pudding mit Zabaione

Eingemachtes

- 98 Chili-Quitten
- 98 Curry-Quitten
- 99 Süßsaure Quitten
- 100 Scharfes Quitten-Kichererbsen-Chutney
- 102 Quitten-Kürbis-Chutney
- 102 Quitten-Meerrettich-Chutney
- 103 Quitten-Apfel-Chutney
- 103 Quitten-Zwetschgen-Chutney
- 104 Quitten-Kumquat-Chutney
- 105 Rotes Quitten-Kompott
- 106 Quittenkompott mit Vanille
- 108 Quittenkonfitüre
- 109 Hagebutten-Quitten-Konfitüre
- 110 Quitten-Feigen-Mus
- 110 Quittensirup
- 111 Quittendicksaft
- 111 Quittenlikör
- 112 Quittengelee
- 114 Quittenpüree
- 114 Quittenpaste
- 115 Getrocknete Quitten

Grundrezepte

- 118 Gemüsejus
- 119 Gemüsebrühe
- 120 Klarer Geflügelfond
- 121 Klarer Kalbsfond

- 122 Stichwortverzeichnis

Abkürzungen

EL   Esslöffel
TL   Teelöffel
dl   Deziliter
ml   Milliliter
Msp Messerspitze

Wo nicht anders vermerkt, sind die Rezepte für 4 Personen berechnet.

Einführung

Die Frucht mit den vielen Namen

Die Quitte verdankt ihren Namen botanisch-wissenschaftlich wie auch in unserem Sprachgebrauch der griechischen Stadt Kydonia, heute Chania, im Nordwesten der Insel Kreta (lateinisch: Cydonia). Der Ursprung des Namens geht wohl auf diesen Ort zurück, weil die Quitte hier erstmals in der Geschichte im Feldobstbau als Obstkultur angetroffen und von da an wissenschaftlich erfasst worden ist. Mit der ursprünglichen Herkunft hat der lateinisch-botanische Name allerdings wenig zu tun, wie wir noch erfahren werden. Die Quitte hat man quer über den Erdball gefunden, so dass sich Evolutions-Wissenschaftler und auch botanische Historiker damit wohl noch weiter beschäftigen können.

Neben der auf den Ort Kydonia zurückgehenden Bezeichnung hat die Quitte noch zahlreiche andere Namen. Immer wieder haben Aussehen, Farbe und Eigenschaften und nicht zuletzt die apfelähnliche Form (mela, melon, mala, malum) eine Rolle gespielt. Erstaunlicherweise hat die eher wichtigere birnenförmige Quitte zu keinen Wortschöpfungen geführt. Aufgrund ihres feinen weißen Flaumes wird die Frucht auch Baumwollapfel genannt. Das Wort «coton» (haarig, Baumwolle) ist in der italienischen «cotogna» enthalten. Im Spanischen ist «melocotón» ein Pfirsich. Die Quitte nennen die Spanier «membrillo», was so viel wie stämmig, Stamm oder Baum bedeutet.

Botanische Bezeichnungen

Allgemein
　Cydonia oblonga
Apfelquitte
　Cydonia oblonga maliformis
Birnenquitte
　Cydonia oblonga piriformis
Japanische Zierquitte
　Chaenomeles japonica
Chinesische Zierquitte
　Chaenomeles speciosa

Alte Sprachen

Altgriechisch
　Mela kydonia/melon kydonion
Vorlateinisch
　Quidonea
Lateinisch
　Cydonea mala/cotonea mala
Althochdeutsch
　Quitina/kutina
Mittelhochdeutsch
　Quiten

Geschichtliche Namen

Römer (Plinius d. Ä., 23–70)
　Malum cotoneum
Karl der Große
(Landordnung Capitulare de villis, 812)
　Cotonaris
Hildegard von Bingen (1098–1179)
　Quotanus
Albertus Magnus (1193–1280)
　Coctanus oder citonius

Synonyme

　Kretischer Apfel
　Kydonischer Apfel
　Hesperiden-Apfel
　Venus- oder Adonis-Apfel
　Baumwollapfel
　Schmeckbirne

Verschiedene Sprachen

Deutsch
　Chüttene
　Kitte
　Kötte
　Kütte
　Kido
　Quitte
Französisch
　Coing, coudonnier
Englisch
　Quince
Italienisch
　Cotogna, mela cotogna
Spanisch
　Membrillo
Portugiesisch
　Marmeleiro, marmelo
Niederländisch
　Kwee/Kweeper
Dänisch
　Kvaede
Finnisch
　Kvitteni
Schwedisch
　Kvitten

Die Herkunft der Quitte

 Wo die Quitte erstmals gewachsen ist, wo sie gegessen wurde und wie sie sich verbreitet hat, ist nur schwer überprüfbar. Genauso wie es fraglich ist, ob sich der Mensch von einem einzigen Fleck aus über den Erdball verteilt oder gleichzeitig an verschiedenen Orten im Rahmen der Evolution entwickelt hat. Zudem ist die Archäologie noch eine junge Wissenschaft, die immer wieder für neue Überraschungen sorgt.

Man darf davon ausgehen, dass die Quitte schon um 4000 Jahre v. Chr., also vor rund 6000 Jahren, angebaut worden ist. Als wildwachsende Frucht dürfte sie zu den ältesten Früchten überhaupt gehören. Wildformen der Quitte gibt es heute noch in verschiedenen Ländern, etwa im Kaukasus, in Armenien, Afghanistan und in Persien (Iran), wo auch die größte Sortenvielfalt zu finden ist.

Als Ursprungsgebiete werden Zentral- und Südwestasien, Transkaukasien, Kaukasus, Turkestan, Persien (Iran), Südostarabien, Kreta, Balkan, Japan sowie klimamilde Zonen in Nordamerika genannt. Die Quitten werden aber auch in Australien angebaut, wobei zu klären wäre, ob sie eingeführt worden oder dort heimisch sind. Schließlich findet man die Früchte auch in der indischen und in der chinesischen Naturheilkunde. In der Türkei gibt es sogar eine roh essbare Quitte. Es ist deshalb vermessen, Ursprung, Herkunft und Heimat einer Region zuzuteilen. Mehr als naturhistorische Spekulationen sind denn auch vielmehr die heute wichtigen Anbaugebiete von Bedeutung.

Auf allen Kontinenten anzutreffen

In anderen Ländern und auf anderen Kontinenten ist die herkömmliche wilde Quitte noch stark verbreitet. Im Balkan und in Mittelasien gedeiht zudem die roh essbare Shirin-Quitte.

Die stärkste Verbreitung haben die wilden und die kultivierten Quitten im Kaukasus. Weitere Anbaugebiete sind USA, Zentral- und Südamerika, Südafrika, West- und Mitteleuropa, ehemalige Sowjetunion, Rumänien und Bulgarien sowie Australien. Weltweit dürften etwa 200 Quittensorten angebaut werden. In West- und in Mitteleuropa ist die Sortenvielfalt sehr bescheiden geworden, rund 30 sollen es noch sein. Für den Markt von Bedeutung sind bei uns aber nur noch ein halbes Dutzend.

Die Quitte in Geschichte und Heilkunde

Von der Urzeit bis Babylon Es darf angenommen werden, dass schon die Urmenschen die Quitte kannten, auch als roh zu genießende Frucht. Bei den Ägyptern haben wir diese Frucht (noch) nicht gefunden. Hingegen beweisen die archäologischen Funde, dass sie in Babylon sehr wohl bekannt und beliebt war. Einmal mehr ist das frühgeschichtliche Kulturzentrum im «Fruchtbaren Halbmond» ein historisch nachweisbarer Ausgangspunkt. Für den weiteren Verlauf unserer Geschichte mögen sich Balkanbewohner, Türken und auch Griechen über die Ausbreitung der Quitte streiten.

Auch Moses kannte die Quitte Die Liebesäpfel in 1. Mose 30, 14–15 dürften ebenfalls Quitten gewesen sein; «Ruben fand auf dem Felde Liebesäpfel und brachte sie seiner Mutter Lea; und diese gebar daraufhin dem Jakob den fünften Sohn, den sie Issacher nannte.» Moses lebte um 1225 v. Chr.

Dank sei den alten Griechen und ihren Göttern Die alten Griechen sollen es einmal gewesen sein, welche der Quitte zu angemessener Ehre verholfen haben, einesteils mit ihrer Verehrung alles Göttlichen, anderntseils mit ihren Talenten im Landbau und in der Koch- und Heilkunst, natürlich lange vor den barbarischen Türken und den primitiven Römern. So jedenfalls lautet noch heute das Eigenlob der Griechen.
Im alten Griechenland war die Quitte die heilige Frucht der Aphrodite (Venus) und galt als Symbol für Glück, Liebe, Fruchtbarkeit und ein langes Leben. Sie fand Einzug in verschiedene Göttersagen und Hochzeits-Rituale.

Der Rat des Hippokrates Die Griechen kannten die Quitte auch als Heilmittel. Der griechische Arzt und Begründer der wissenschaftlichen Heilkunde unseres Kulturgebietes (460 bis 370 v. Chr.) nutzte schleimhaltige Quittensamen als kühlendes Heilmittel auf spröde Lippen, gegen rissige Haut, bei Verbrennungen und Entzündungen, bei Durchfall, Fieber sowie für die Herstellung von Augenwasser und kosmetischen Erzeugnissen.

Die Römer Sie sollen nach Darstellung ihrer Gegner oder kämpferisch Unterlegenen ein sehr primitives Volk gewesen sein und alles, was mit Kultur, Wissenschaft und Kochkunst zu tun hatte, den besiegten Völkern, insbesondere den Griechen, gestohlen oder von diesen kopiert haben. So erging es auch der Quitte. Bei Besetzung der Insel Kreta sahen die Römer die prächtigen Quittenplantagen und brachten die köstliche Frucht umgehend ins römische Reich, wo sich ihr Anbau schnell ausbreitete.

Plinius der Ältere (23 bis 79 n. Chr.), römischer Schriftsteller und Befehlshaber der kaiserlichen Flotte in Misenum, gibt im 23. Buch der «Historia naturalis» eine ausführliche Übersicht über die Heilwirkung von Quittenzubereitungen gegen einundzwanzig Leiden. Dabei werden den Quitten wahre Wunderkräfte zugesprochen: In Wein gekocht und mit Wachs aufgestrichen, sprießt auf Glatzen das Haar wieder. Der Saft der rohen Quitte ist ein gutes Mittel gegen Wassersucht, fehlende Brüste, Aftergeschwüre und Wadenkrämpfe.

Karl der Große Was die Römer den unterworfenen Völkern abnahmen, verbreitete sich schnell nicht nur im ganzen Mittelmeerraum, sondern auch nach Gallien und ins Frankenreich. Die neuen Herrscher dort taten es den Römern gleich. Bemerkenswert ist, dass kein Geringerer als Karl der Große im Jahre 812 in seiner

legendären Landordnung «Capitulare de villis» nebst vielen anderen Pflanzen den Anbau der Quitte offiziell anordnete. Spätestens seit dieser Zeit dürfte dieses Obst auch in Deutschland, in Österreich und in der Schweiz angebaut worden sein, wenn auch nicht gerade in größeren Kulturen.

Hildegard von Bingen Die Äbtissin von Bingen (1098 bis 1179) nahm die Quitte in ihre naturheilkundlichen Bücher auf. Sie empfahl sie gegen Gicht, Hautausschläge, Ekzeme, Geschwüre und Arteriosklerose. Sie schrieb: «Der Quittenbaum ist mehr kalt, er gleicht der Schlauheit, die manchmal unnütz ist, manchmal nützlich. Aber sein Holz und seine Blätter sind nicht sehr nützlich zum Gebrauch des Menschen. Hingegen ist die Frucht warm und trocken und hat eine gute Mischung in sich. Wenn sie reif ist, schadet sie roh genossen weder dem Kranken noch dem Gesunden. Gekocht oder gebraten ist sie für den Kranken und den Gesunden bekömmlich. Denn wer Gicht hat, esse oft diese Frucht gekocht und gebraten, und sie unterdrückt sie in ihm so, dass diese weder seine Sinne abstumpft noch seine Glieder bricht. Und wer viel Speichel hat, esse oft diese Frucht gekocht oder gebraten, und sie trocknet ihn innerlich, so dass der Speichel in ihm vermindert wird. Aber wo es in einem Menschen Geschwüre oder Übelriechendes hat, der koche oder brate die Quitte und lege sie so mit anderen Mitteln auf die Geschwüre, und er wird geheilt werden.»

Der Baum mit den wunderschönen Blüten

Die Quitte (Cydonia vulgaris) ist wie der Apfel und die Birne ein Rosengewächs. Man kann sie als Hoch- und Halbstamm oder als Strauch ziehen. Der Baum bleibt klein und gedrungen, größer als 2 bis 3 Meter wird er kaum. Die Blätter des Fruchtbaumes sind kurzstielig, ungeteilt, ganzrandig und breit-eiförmig. Der Quittenbaum ist ein Spätblüher, nach dem Birn- und Apfelbaum. Frostschäden müssen deshalb nicht befürchtet werden. Die großen, wunderschönen weißrosa Blüten sitzen am Ende von Seitensprossen. Die Blüte hat je 5 Kelch- und Kronblätter und 15 bis 20 Staubblätter.

Aufzucht

Die Quittenbaum-Aufzucht erfolgt normalerweise in spezialisierten Baumschulen. Der Wildling wird bereits nach etwa einem Jahr auf eine Unterlage, z. B. auf Weißdorn, gepfropft. Um kleine Hochstämmchen zu bekommen, wird manchmal Rotdorn als Stammbildner, also als Zwischenstück zwischen der Wurzelunterlage und dem Edelreis, verwendet. So bekommt die ursprünglich strauchig wachsende Quitte einen geraden Stamm. Das Bäumchen trägt nach 3 bis 4 Jahre erste Früchte. Es gibt sogenannte selbstfruchtbare und vorwiegend selbstfruchtbare, aber auch sterile Sorten. Im Hausgarten können die beiden ersten Sorten einzeln gepflanzt werden, ohne dass es einen weiteren Befruchter in unmittelbarer Nähe braucht. Bei der dritten Sorte ist ein weiterer Baum anderer Sorte notwendig. Eine größere Ernte darf aber erwartet werden, wenn man gleich zwei Quittenbäume unterschiedlicher Sorte pflanzt.

Standort

Der Quittenbaum ist sehr anspruchslos. Er liebt eine geschützte, sonnige Lage bis auf 1000 m ü. M. Staunässe mag er nicht, ansonsten ist er sehr genügsam und gedeiht auch auf weniger fruchtbarem und trockenem Boden.

Quittenbaum der Sorte «Ronda», gezüchtet durch die Eidg. Forschungsanstalt Wädenswil

Pflanzung

Einen Quittenbaum pflanzt man am besten in den Monaten Oktober/November oder März/April. Der Baum kommt bereits mit 8 bis 12 m² Bodenfläche aus. Das Pflanzloch sollte etwa doppelt so breit und tief ausgehoben werden, wie der Wurzelballen Umfang hat. Den Untergrund mindestens spatentief gut lockern und wenig organischen Dünger einstreuen. Zuerst einen Stützpfahl einschlagen, damit die Wurzeln nicht nachträglich verletzt werden. Wichtig: Das Bäumchen muss gleich tief eingepflanzt werden, wie es in der Baumschule gewachsen ist. Der Wurzelhals mit der Veredlungsstelle muss über der Erde sein. Einen kleinen Hügel aus gutem Humus ins Pflanzloch schaufeln, die Wurzeln gleichmäßig darauf ausbreiten. Die Erde ins Pflanzloch füllen und festtreten, damit die Wurzeln einen guten Bodenkontakt bekommen. Am Schluss eine kreisförmige Vertiefung um den Baum anbringen, welche das Gießwasser aufnehmen kann. Ausgiebig einschwemmen und in den folgenden Wochen regelmäßig gießen, allerdings nur an frostfreien Tagen. Die Versorgung mit Nährstoffen beschränkt sich auf eine Kompostgabe im Herbst. Die Baumscheibe kann mit schattenliebenden Blumen wie Fleissiges Lieschen oder Ringelblumen, Kapuzinerkresse sowie Storchenschnabel (Geranium) bepflanzt werden.

Pflege

Die Quitte soll mehr oder weniger wild wachsen können. Durch das Gewicht der Früchte werden auch lange, steile Triebe langsam nach unten gebogen. Nach einigen Jahren ist das alte, abgetragene, nun horizontale oder gar hängende Holz zu entfernen. Die jungen 1- und 2-jährigen Langtriebe müssen stehen gelassen werden. Einen Baumschnitt wie bei einem Apfel- oder Birnbaum zu machen, wäre grundfalsch. Selbstverständlich werden im Spätherbst oder im Frühling alle abgestorbenen Zweige entfernt.

Schädlinge/Krankheiten

Es gibt keine spezifischen Quittenschädlinge. Gelegentlich wird das Blattwerk durch verschiedene Raupen befallen oder durch die Grüne Apfellaus.
Auf Quittenbäumen treten je nach Standort und Witterung auch Pilzkrankheiten auf: Echter Mehltau (Podosphaera clandestina) , Blattbräune (Diplocarpon maculatum) sowie Blüten- und Zweigdürre (Monilinia linhartiana). Für Auskünfte und Beratung wende man sich an die Baumschule.

Quitten – gelb wie die Sonne

Es gibt die rundliche Apfelquitte (var. maliformis) und die häufigere längliche Birnenquitte (var. pyriformis). Speziell und ungewöhnlich ist, dass diese wunderschöne gelbe Frucht in unseren Breitengraden für den Frischverzehr nicht geeignet ist. Sie muss zudem normalerweise geschält werden. Größe und Gewicht der Frucht können stark variieren; sie kann knappe 150 Gramm oder satte 1000 Gramm auf die Waage bringen. Auf die Fruchtqualität hat dies keinen Einfluss.

Die Fruchtoberfläche ist je nach Sorte stark gerippt oder glatt. Die Fruchtschale ist meist glatt, lederig-hart, grün bis goldgelb, bei voller Reife leuchtend gelb, mit einem leichten weißgrauen, abreibbaren Flaum.

Apfelquitten haben ein mit zahlreichen Steinzellen durchsetztes knorpelig-holziges, hartes, trockenes, aber sehr aromatisches, herb-würziges Fruchtfleisch. Das Fruchtfleisch der Birnenquitten hat weniger Steinzellen und ist weicher und lieblicher im Geschmack.

Im Innern der Frucht befinden sich im pergamentartigen Kerngehäuse getrennte Fächer mit 8 bis 16 flachen rotbraunen, miteinander verklebten, in Wasser schleimig aufquellenden und bittermandelartig schmeckenden Samen.

Birnenquitte «Vranja»   Apfelquitte «Bourgeault»

Die wichtigsten Quittensorten für den Hausgarten

Ronda
Herkunft: Schweiz; 1966
Form: Birnenquitte
Frucht: rundlich, groß; grünlichgelb bis goldgelb; 250–570 g
Fruchtfleisch: gelblich, süßsäuerlich; wenig Steinzellen, intensives fruchtiges Aroma; ideal für Saftgetränke
Bemerkungen: selbstfruchtbar; neigt bei später Ernte zu Fleischbräune

Portugieser Quitte
Herkunft: unbekannt; 1611 im Katalog einer englischen Baumschule erwähnt
Form: Birnen- und Apfelquitte
Frucht: unregelmäßig, langgestreckt kegelstumpfförmig gerundet; 400 g und mehr
Fruchtfleisch: saftig, weißgelb, wird beim Kochen dunkler, rötlich
Bemerkungen: selbstfruchtbar

Riesenquitte von Leskovac
Herkunft: Serbien; 1890
Form: Apfelquitte
Frucht: sehr groß, goldgelb, oft ausgeprägte Fruchtrippen; 150–500 g; wenig befilzt
Fruchtfleisch: Fleisch verfärbt sich – im Gegensatz zu den meisten anderen Sorten – beim Kochen nicht rötlich, sondern bleibt weiß; fein, säuerlich, sehr wohlschmeckend
Bemerkungen: teils selbstfruchtbar

Bereczki
Herkunft: Ungarn; 1883
Form: Birnenquitte
Frucht: groß, grün bis goldgelb, schwach gerippt; wenig oder stark befilzt
Fruchtfleisch: fest, mild-aromatisch; roh gelblich, gekocht rosa; an warmem Standort hoher Zuckergehalt, saftiger und süßer als andere Sorten
Bemerkungen: selbstfruchtbar; wenig Fleischbräune

Vranja
Herkunft: Serbien; 1898
Form: Birnenquitte
Frucht: sehr groß, mittelbauchig, leicht gefurcht, grüngelb bis goldgelb, typische Rosthauben im Stielbereich; der starke Filz verliert sich bei der Reife; 250–570 g, auch bis 1000 g
Fruchtfleisch: hellgelb; sehr fest, feinkörnig; leicht süßsäuerlich, aromatisch; für alle Verwendungszwecke
Bemerkungen: selbststeril; es braucht einen zweiten Quittenbaum von anderer Sorte in der Nähe

Champion
Herkunft: USA; 1870
Form: Birnenquitte
Frucht: mittelgroß, sehr gleichmäßig, grüngelb bis goldgelb; 280–400 g
Fruchtfleisch: hellgelb; vorzüglich in Geschmack und Duft; gut lagerfähig
Bemerkungen: teilweise selbstfruchtbar; wenig Fleischbräune

△ Ronda ▽ Portugieser Quitte

△ Bereczki ▽ Vranja

Duft und Aroma

Bezüglich Duft und Aroma darf man ohne weiteres unterschiedlicher Meinung sein. Anderseits gilt gerade bei der Quitte: was der Bauer nicht kennt, das isst er nicht. Fachleute, die sich mit der Vermarktung der Quitte befassen, sind der Ansicht, dass sich der fehlende Frischverzehr auf Absatz und Konsum negativ ausgewirkt haben. Es braucht kreative Rezepte, um auf den «Quittengeschmack» zu kommen. Und daran hat es lange gemangelt. Alte Rezepte waren nicht aufzutreiben und neue, unseren heutigen Essgewohnheiten angepasste, waren nicht zu finden.

Der Duft der Quitte ist unverwechselbar und kaum zu charakterisieren, da es im Pflanzenreich keine auch nur ähnliche Duftnote gibt. Wer den Quittenduft kennen lernen möchte, dem bleibt deshalb nichts anderes übrig, als in der freien Natur einen Quittenbaum zu suchen. Beim Quittenduft ist es ähnlich wie bei einem Parfum: entweder ist es Liebe auf den ersten Blick ... oder man geht auf Distanz.

Die Quitten entwickeln ihr wunderbares Aroma vor allem in Verbindung mit Süßstoffen und Gewürzen sowie in gebranntem Wasser und in Essig. Ein Gläschen Quittenschnaps kann ein guter Einstieg in die kulinarische Quittenwelt sein. In Verbindung mit anderen Früchten, insbesondere mit Äpfeln und Birnen, aber auch mit Zitrusfrüchten, entstehen herrliche Duft- und Aroma-Potpourris.

Inhaltsstoffe

Die rohe Quitte ist bezüglich Inhaltsstoffen dem Apfel und der Birne ebenbürtig. Der Anteil an gewissen **Vitaminen** ist sogar größer.

Bei den Mineralstoffen ist insbesondere der Kaliumgehalt bemerkenswert. Daneben sind in Spuren alle wichtigen Biostoffe enthalten.

Der hohe Anteil an Pektin ist nicht nur ein wunderbares Geliermittel, es hat auch eine wichtige Herz- und Darmschutzfunktion. Pektine unterstützen die Entgiftung des Körpers allgemein und von radioaktiven Elementen im besonderen.

Der Gehalt an organischen Säuren und Gerbsäuren und Gerbstoffen ist wichtig. Sie wirken adstringierend (zusammenziehend) und «trainieren» schlaffe Darmmuskeln.

Der Schleim aus der Quitte und ganz besonders aus den Kernen gilt als milde, kühlende, entzündungshemmende Arznei bei Magenleiden, Halsentzündungen, Verschleimungen im Brustbereich, Harnblasen- und Harnröhrenentzündung. Er lindert auch bei Verbrennungen, Hautausschlägen und Hämorrhoiden. Quittenmus kann bei Gicht auf die schmerzenden Gelenke aufgetragen werden.

Die Quitte ist reich an **Duft- und Aromastoffen,** die für unser Wohlbefinden und unsere Gesundheit von großer Bedeutung sind.

100 g geschälte, entkernte rohe Quitten enthalten: 82,4 g Wasser, 0,6 g Eiweiß/Enzyme, 0,3 g Fett, 16,3 g Kohlenhydrate, 2,2 g Faserstoffe, 68 kcal/285 kJ

Vitamine: 17 mg Vitamin C (20 bis 40 % des Tagesbedarfs); in Spuren Vitamin A, B_1, B_2, Niacin, B_6, Folsäure, Pantothensäure, Biotin

Mineralstoffe: 440 mg Kalium; in Spuren Natrium, Kalzium, Magnesium, Phosphor, Schwefel, Chlor, Eisen, Zink, Kupfer, Mangan, Fluor, Jod

Weitere Stoffe: Gerbstoffe, Gerbsäure, organische Säuren, Pektin, Schleimstoffe, Aroma- und Duftstoffe

Erntezeit und Lagerung

Pflückreif respektive auf dem Markt zu kaufen ist die Quitte ab Anfang/Mitte Oktober. Lagerfrüchte sind bis gegen Weihnachten erhältlich. Für die Verarbeitung zu Gelee und Kompott dürfen die Früchte nicht zu reif geerntet werden, weil das Pektin zu stark abgebaut wird und keine genügende Gelierwirkung mehr vorhanden ist. Bei später Ernte tritt rasch eine Bräunung des Fruchtfleisches ein. Knapp reif geerntete Früchte lassen sich bis zwei Monate kühl (2 bis 7 °C) lagern, allerdings getrennt von anderen Früchten, weil diese durch das starke Aroma beeinträchtigt würden.

Die roh essbare, importierte Shirin-Quitte ist bei Obst- und Spezialitätenhändlern auch über unsere Quittensaison hinaus erhältlich.

Zierquitten erntet man meistens im Oktober, spätestens aber vor dem ersten Frost (die Früchte werden glasig). Im Handel sind keine Zierquitten erhältlich.

Zierquitten – Scheinquitten

Namen: Japanische Scheinquitte (Chaenomeles japonica), Chinesische Scheinquitte (Chaenomeles speciosa), Feuerbusch, Rosenquitte

Form: apfel- oder birnenförmig

Frucht: oft unregelmäßig geformt; zuerst grün, später gelb; Schale glatt, teilweise fettig, ohne Flaum

Fruchtfleisch: festes, steinzellenfreies hellgelbes Fruchtfleisch

Bemerkungen: für den Frischverzehr nicht geeignet.

Inhaltsstoffe: enthält doppelt so viel Vitamin C wie die Zitrone und 5 Mal mehr als Quitten/Äpfel. Der Anteil an organischen Säuren ist doppelt so hoch wie in den Quitten.

Heilkunde: in der traditionellen chinesischen Medizin werden frische und getrocknete Früchte vorwiegend bei Rheuma und zur Entspannung von Muskeln und Sehnen, d. h. bei Schmerzen im unteren Rücken, in den Beinen und Knien und bei Wadenkrämpfen empfohlen. Entzündungshemmend, zusammenziehend, bei Magenkrämpfen.

Küche: Der Saft ist ein ausgezeichneter Ersatz für Zitronensaft. Zierquitten sind viel saurer als herkömmliche Quitten, sie sind aber grundsätzlich gleich verwendbar. Die Früchte müssen nicht zwingend geschält werden.

Hausapotheke

Quittensaft

Zubereitung: Die Quitten mit einem trockenen Küchentuch abreiben, zerkleinern und mit Schale und Kernen pressen. Oder die Quitten rundum mit einer Gabel einstechen, in einen Topf geben und knapp mit Wasser bedecken, rund 30 Minuten garen. 24 Stunden stehen lassen. Topfinhalt durch ein feines Tuch (Mulltuch, Gazetuch) gießen und den Saft auffangen. Eventuell mit Apfel-, Birnen- oder Traubensaft mischen.

Anwendung: Für alle in der Volksmedizin genannten Leiden. Mundgeruch.

Quittentee (dünner Schleim)

Zubereitung: Die Quittenkerne mit frischem Wasser aufkochen, bei schwacher Hitze 5 Minuten kochen. Abseihen.

Innere Anwendung: Nervosität, Schlaflosigkeit, Mundgeruch.

Quittenmus

Zubereitung: Die Quitten mit einem trockenen Küchentuch abreiben. Früchte mit Schale vierteln, entkernen und zerkleinern. Die Quittenstücke mit wenig Wasser zu einem Mus kochen.
Dosierung: einige Esslöffel vor jeder Mahlzeit
Innere Anwendung: Rachen- und Bronchialkatarrh, Magen- und Darmkatarrh, Durchfall, erhöhter Cholesterinspiegel
Äußere Anwendung: bei Gicht das Mus auf die schmerzenden Gelenke auftragen und mit einem kleinen Baumwolltuch zudecken.

Gurgelwasser

Zubereitung: Getrocknete Früchte so lange in frischem Wasser einlegen, bis es schleimig ist. Die Quitten entfernen.
Dosierung: Quittenwasser unverdünnt verwenden
Innere Anwendung: bei entzündetem Hals mit dem Quittenwasser mehrmals täglich gurgeln.

Quittenschleim

Zubereitung: Zerstoßene Quittenkerne (5 g) mit Wasser (1 dl/100 ml) erhitzen, bei schwacher Hitze zu einem dicken Schleim kochen.
Dosierung: esslöffelweise, über den Tag verteilt
Innere Anwendung: bei Rachen- und Bronchialkatarrh, bei Entzündungen in den Verdauungsorganen, zur Beruhigung des Magen-Darm-Trakts, bei Harnblasen- und Harnröhrenentzündung. Für kräftigen Haarwuchs.
Äußere Anwendung: Hautentzündungen, Wunden, Hautleiden, rissige Haut, entzündete Augen und Hämorrhoiden.

Quittenkerne

Zubereitung: Die Quittenkerne waschen, auf Pergamentpapier ausbreiten und trocknen lassen.
Dosierung: über den Tag verteilt jeweils einige Kerne lutschen
Innere Anwendung: Halsschmerzen und Husten; die in den Kernen enthaltenen Schleimstoffe lindern die Schmerzen.

Quittenbrand

Birnenquitten haben ein fruchtigeres Aroma als Apfelquitten und sind deshalb für die Herstellung von Fruchtbrand besser geeignet. Wichtig ist auch, dass die Früchte am Baum ganz ausreifen können; so besitzen sie das beste Aroma.

Vor dem Einmaischen werden Flaum und Stiel entfernt. Aus der goldfarbigen Frucht wird nach einem speziell dafür entwickelten Destillationsverfahren ein vorzüglicher, aromareicher und typischer Fruchtbrand gewonnen. Ein Produkt der Spitzenklasse besticht durch ein fruchtiges Bouquet, einen ausgewogenen Körper sowie durch einen harmonischen, weichen Abgang. Damit die Geschmacksharmonie erreicht werden kann, bedarf es einer professionellen Alterung und Lagerung von mindestens zwei Jahren.

Küchenpraxis

Vorbereitung   Es ist wichtig, dass vor der Verarbeitung der Flaum mit einem trockenen Küchentuch abgerieben wird. Die Härchen enthalten ein ätherisches Öl, das den Geruch und den Geschmack des Fruchtfleisches beeinträchtigen würde. Nach dem Abreiben die Früchte waschen, um auch noch letzte Flaumreste zu entfernen.

Garmethoden   Je nach Verwendung werden die Früchte gedünstet, gedämpft, gebraten, gebacken, im Wasser oder in einem Sud/Fond gegart.

Garzeit   Die Quitten haben je nach Sorte und Reifegrad eine unterschiedliche Garzeit, weshalb auf Zeitangaben verzichtet wird. Wichtig: Den Garprozess überwachen und die Früchte ab und zu probieren.

Vorspeisen Suppen

Bunter *HERBSTSALAT* mit Quitten an Quittendressing

1
Die Quitten mit einem trockenen Küchentuch abreiben und waschen. Die Früchte schälen, vierteln und entkernen. Die Fruchtviertel in Spalten schneiden.

2
Orangensaft, Wasser, Wacholderbeeren, Pfeffer und Zimt aufkochen, Quittenspalten zugeben, bei schwacher Hitze weich garen, im Fond erkalten lassen. Wacholder entfernen.

3
Für die Salatsauce 1 dl/100 ml Quittenfond auf die Hälfte einkochen, in einer Schüssel abkühlen lassen. Senf, Essig und Distelöl unter den Fond rühren. Buchweizen und Estragon zufügen.

4
Den Blattsalat in mundgerechte Stücke zupfen oder schneiden. Die Zwiebel schälen und in sehr feine Ringe schneiden.

5
Sämtliche Zutaten mit der Sauce vermengen.

Buchweizen garen
Den Buchweizen in etwa der dreifachen Wassermenge aufkochen, dann auf der ausgeschalteten Wärmequelle zugedeckt 15 Minuten quellen lassen. Abgießen und abtropfen lassen.

400 g Quitten
1 dl/100 ml Orangensaft
1 dl/100 ml Wasser
4 Wacholderbeeren
3 schwarze Pfefferkörner, zerstoßen
1 Msp Zimtpulver

Sauce
1 dl/100 ml Quittenfond
1 EL grobkörniger Senf
1 EL Himbeer- oder anderer Fruchtessig
3 EL kalt gepresstes Distelöl
30 g gegarter Buchweizen
1 EL fein gehackter Estragon

Salat
400 g gemischter Blattsalat, z. B. Nüssli-/Feldsalat, krause Endivie, Cicorino rosso/ Radicchio, Rucola, Löwenzahn
1 Hand voll Zwiebelsprossen
1 rote Zwiebel

POULARDE
auf Quitten-Pomelo-Salat

Poularde
2 dl/200 ml Gemüsebrühe
1 Kräutersträußchen,
z. B. Petersilie, Liebstöckel,
Estragon, Thymian
2 Freiland-Poularden-/
Hähnchenbrüstchen, je ca. 200 g
Kräutermeersalz
frisch gemahlener Pfeffer

Quitten-Pomelo-Salat
3 Quitten
Kräutermeersalz
frisch gemahlener Pfeffer
1 EL Balsamico
2 EL Olivenöl extra nativ
2 Pomelos oder rosa Grapefruits
1 EL Quittensirup, Seite 110

1 Bund Rucola

1
Die Gemüsebrühe mit den Kräutern in einem Topf mit Dampfaufsatz aufkochen. Poulardenbrüstchen mit Kräutersalz und Pfeffer würzen, in den Dämpfaufsatz legen. Zugedeckt bei schwacher Hitze rund 15 Minuten garen.

2
Die Quitten mit einem trockenen Küchentuch abreiben und waschen. Die Früchte schälen, vierteln und entkernen. Die Fruchtviertel in Stäbchen schneiden. Die Quittenstäbchen in einer beschichteten Bratpfanne ohne Fett dämpfen; sie sollten noch etwas Biss haben. Mit Kräutersalz und Pfeffer würzen. Balsamico und Olivenöl darüber träufeln, etwa 10 Minuten marinieren.

3
Die Pomelos mit dem Messer großzügig schälen, auch die weiße Haut entfernen. Die Fruchtfilets aus den Trennhäutchen schneiden, die Häutchen gut ausdrücken, den Saft auffangen.

4
Pompelofilets und -saft mit den Quittenstäbchen und dem Quittensirup mischen.

5
Den Salat auf Tellern anrichten. Mit dem Rucola garnieren. Die Poulardenbrüstchen aufschneiden, auf dem Salat anrichten.

Abbildung
oben: Poularde auf Quitten-Pomelo-Salat,
Rezept auf dieser Seite
unten: Lauch-Quitten-Terrine
mit süßsaurer Sauce,
Rezept Seite 40

Quitten-Cottage-Cheese-*BURGER*

1
Die Quitten mit einem trockenen Küchentuch abreiben und waschen. Früchte schälen, quer in gleichmäßig dicke Scheiben schneiden. Das Kerngehäuse mit einem Fruchtentkerner ausstechen.

2
Apfelsaft, Chilischoten, Koriander sowie Sojasauce in einer weiten Pfanne erhitzen. Die Quittenscheiben zufügen und bei schwacher Hitze weich garen, aus dem Fond nehmen.

3
Den Fond durch ein Chromstahlsieb passieren, in die Pfanne zurückgeben und auf die Hälfte einkochen. Hefepaste mit dem Himbeeressig unterrühren, abschmecken mit Salz und Pfeffer. Das Nussöl unterrühren.

4
Einige schöne Schnittlauchhalme und Petersilienblätter für die Garnitur beiseite legen. Die restlichen Kräuter fein schneiden respektive fein hacken, mit dem Cottage Cheese vermengen.

5
Brüsseler Endivien in die einzelnen Blätter zerlegen, die Spitzen auf etwa 10 cm kürzen.

6
Salatblätter strahlenförmig auf Teller legen. Quittenscheiben in die Mitte setzen, immer wieder mit Cottage Cheese bedecken, abschließen mit einer Quittenscheibe. Mit der Kresse garnieren. Den Teller mit den restlichen Kräutern garnieren. Die Sauce über die Salatblätter träufeln.

4 Apfelquitten
2 dl/200 ml Apfelsaft
$1/2$ rote Chilischote, längs aufgeschnitten
4 Korianderkörner, zerstoßen
1 TL Sojasauce
$1/2$ cm Hefepaste aus der Tube
2 EL Himbeeressig
Kräutermeersalz
frisch gemahlener Pfeffer
4 EL kalt gepresstes Baumnuss-/Walnussöl

120 g Cottage Cheese/Hüttenkäse
Schnittlauch
glattblättrige Petersilie

2 Brüsseler Endivien/weißer Chicorée
wenig Kresse

LAUCH-QUITTEN-TERRINE
mit süßsaurer Sauce

1

Die Quitten mit einem trockenen Küchentuch abreiben und waschen. Die Früchte schälen, vierteln und entkernen.

2

Birnendicksaft, Koriander, Zitronengras und Wasser aufkochen, Quittenviertel darin weich garen. Die Früchte aus dem Fond nehmen und in einem Sieb abtropfen lassen, leicht ausdrücken.

3

Möglichst gleichmäßig dicke und gerade Lauchstangen putzen, d. h. die äußeren Blätter entfernen, die Lauchstangen auf die Länge der Terrinenform kürzen. In der Gemüsebrühe weich garen, herausnehmen und abtropfen lassen.

4

2 dl/200 ml Gemüsebrühe durch ein feines Sieb passieren, mit dem Agar-Agar-Pulver unter Rühren aufkochen, 2 bis 3 Minuten köcheln lassen.

5

Die Terrinenform mit Alufolie auskleiden. Die Form bis auf halbe Höhe mit den Lauchstangen füllen, diese fortlaufend mit der gebundenen Gemüsebrühe einpinseln. Quittenviertel in der Mitte der Länge nach darauf legen, mit den restlichen Lauchstangen bedecken. Terrine gut zusammenpressen und den Rest der Gemüsebrühe darüber gießen. Mit der Folie zudecken. Die Terrine möglichst gleichmäßig beschweren. Auskühlen lassen.

6

Für die süßsaure Sauce Zutaten bis und mit Ingwer aufkochen, auf der ausgeschalteten Wärmequelle 10 Minuten ziehen lassen. Zitronengrasstängel und Ingwer entfernen, Rest pürieren. Agar-Agar-Pulver unter die Sauce rühren, erhitzen, 2 Minuten köcheln lassen. Mit Limettensaft und Sojasauce würzen.

7

Terrine stürzen, am besten mit einem elektrischen Sägemesser in Scheiben schneiden. Anrichten, abschmecken mit wenig Meersalz. Mit der Sauce umgießen.

Abbildung Seite 37, unten

---

für eine Terrinenform von $1/2$ Liter Inhalt

300 g Quitten
80 g Birnendicksaft
5 Korianderkörner
1 Zitronengrasstängel
$1/2$ l Wasser

1,8 kg Lauch
1 l Gemüsebrühe
1 TL Agar-Agar-Pulver (Reformhaus)

süßsaure Sauce

2 dl/200 ml Wasser
50 g Vollrohrzucker
$1/2$ dl/50 ml Quittensirup, Seite 110
1 Zitronengrasstängel
$1/4$ roter Peperoni/Paprikaschote
$1/2$ rote Chilischote
2 Scheiben geschälter Ingwer
$1/2$ TL Agar-Agar-Pulver (Reformhaus)
1 EL Limettensaft
2 Spritzer Sojasauce

KOKOSSÜPPCHEN
mit Scampi und Curry-Quitten

1

Schalotten, Lauch, Champignons, Knoblauch sowie Äpfel in der Bratbutter andünsten. Currypaste und Noilly Prat unterrühren, die Flüssigkeit vollständig einkochen lassen. Kokosnussmilch und Hühnerbrühe aufgießen, aufkochen, um ein Drittel einköcheln lassen. Suppe pürieren und durch ein Chromstahlsieb streichen.

2

Scampi schälen und auf 2 Holzspießchen stecken, damit sie sich beim Braten nicht verformen. Mit Zitronensaft beträufeln, einige Minuten marinieren. Scampi mit Salz und Pfeffer würzen, in der Bratbutter braten.

3

Die Kokossuppe mit dem Rahm unter Rühren aufkochen, den Koriander und die Curry-Quitten zufügen. Mit Limettensaft abschmecken. In vorgewärmten Tellern anrichten. Scampi von den Holzspießchen nehmen und in die Suppe legen.

2 EL Bratbutter/Butterschmalz
2 Schalotten, fein gehackt
2 EL fein geschnittener Lauch
2–3 Champignons, feinblättrig geschnitten
2 Knoblauchzehen, fein gehackt
$^1/_2$ Apfel, entkernt, klein gewürfelt
gelbe Currypaste, nach Belieben
1 TL Noilly Prat
$^1/_2$ l Kokosnussmilch
3–4 dl/300–400 ml Hühnerbrühe
1 dl/100 ml Rahm/ Sahne
einige Korianderblättchen
200 g abgetropfte Curry-Quitten, Seite 98
wenig Limettensaft

Einlage
8 Scampi
Zitronensaft
Kräutermeersalz
frisch gemahlener weißer Pfeffer
1 EL Bratbutter/Butterschmalz

Karotten-Quitten-SÜPPCHEN mit Ingwer

1
Für die Einlage die Quitten mit einem trockenen Küchentuch abreiben und waschen. Die Früchte schälen, vierteln und entkernen. Fruchtviertel in Spalten schneiden und im Apfel-Karotten-Saft weich garen.

2
Zwiebeln, Champignons, Karotten und Quitten in der Bratbutter farblos andünsten, Ingwer zugeben, Karottensaft sowie Gemüsebrühe aufgießen, aufkochen, bei schwacher Hitze weich garen, pürieren und durch ein Chromstahlsieb streichen.

3
Die Suppe mit dem Rahm unter Rühren erhitzen, abschmecken. Den Schlagrahm unterrühren.

4
Quitteneinlage auf die Suppenteller verteilen, Suppe zugeben. Mit dem fein geschnittenen Kerbel garnieren.

Abbildung oben

Einlage
200 g Quitten
1 dl/100 ml Apfelsaft naturtrüb
1 dl/100 ml Karottensaft

1 TL Bratbutter/Butterschmalz
1 kleine Zwiebel, gehackt
4–5 mittelgroße Champignons, halbiert oder geviertelt
150 g Karotten, zerkleinert
100 g geschälte, entkernte Quitten, in Scheiben
2 EL frische Ingwerwürfelchen
3 dl/300 ml Karottensaft
6 dl/600 ml Gemüsebrühe
1 Becher (1,8 dl/180 ml) Rahm/Sahne
Kräutermeersalz
frisch gemahlener Pfeffer
2 EL Schlagrahm/-sahne
1 kleiner Bund Kerbel

EINTOPF mit Wurzeln, Hafer und Quitten

1
Die Quitten mit einem trockenen Küchentuch abreiben und waschen. Früchte schälen, vierteln, entkernen, in Spalten schneiden. Quitten, Birnendicksaft und Wasser aufkochen, die Früchte bissfest garen.

2
Das Wurzelgemüse in der Bratbutter andünsten, den Hafer zufügen, mit der Gemüsebrühe aufgießen, aufkochen, die Suppe bei schwacher Hitze köcheln lassen, bis das Gemüse gar und der Hafer aufgequollen ist. Nach der halben Garzeit, nach etwa 15 Minuten, den Wirz zufügen. Quittenspalten zugeben, abschmecken.

3
Tempeh in der Bratbutter rundum braten, mit der Sojasauce beträufeln, zur Suppe geben.

Abbildung unten

150 g Quitten
2 EL Birnendicksaft
2 dl/200 ml Wasser

1 EL Bratbutter/Butterschmalz
200 g Wurzelgemüse, z. B. Karotten, Pfälzer Rüben, Knollensellerie, klein gewürfelt
40 g Haferkörner
8 dl/800 ml Gemüsebrühe
50 g Wirz/Wirsing, in Streifen
Meersalz
frisch gemahlener Pfeffer

wenig Bratbutter/Butterschmalz
100 g geräucherter Tempeh, klein gewürfelt
1 1/2 EL Sojasauce

Vegetarische Gerichte

CHILI-QUITTEN
auf bunten Bohnen

50 g weiße Bohnen
50 g rote Bohnen
200 g zarte grüne Bohnen
1 TL Bratbutter/Butterschmalz
1 Schalotte, fein gehackt
wenig Bohnenkraut
Kräutermeersalz
frisch gemahlener weißer Pfeffer

8 Cherrytomaten

Chili-Quitten
1 TL Bratbutter/Butterschmalz
100 g Zwiebeln, fein gehackt
2 Knoblauchzehen, fein gehackt
250 g rote Peperoni/Paprikaschoten, entkernt, in Streifen
1 dl/100 ml kräftiger Rotwein
½ EL Rosenpaprikapulver
1 kleine rote Chilischote, in Ringen
1 Msp Chilipulver
1 Msp Kreuzkümmel, zerstoßen
1 TL Honig
1 TL Balsamico
4 dl/400 ml Gemüsebrühe
frisch gemahlener weißer Pfeffer
250 g abgetropfte Chili-Quitten, Seite 98

1
Weiße und rote Bohnen über Nacht getrennt in kaltem Wasser einlegen. Wasser am nächsten Tag weggießen. Bohnen getrennt in reichlich frischem Wasser weich garen. Abgießen.

2
Den Stielansatz bei den grünen Bohnen entfernen, Bohnen im Dampf knackig garen.

3
Für die Chili-Quitten Zwiebeln, Knoblauch und Peperoni in der Bratbutter andünsten, den Rotwein angießen, Flüssigkeit ganz einkochen lassen. Gewürze, Honig sowie Balsamico zugeben, Gemüsebrühe aufgießen, aufkochen, bei schwacher Hitze kochen, bis die Peperoni weich sind. Mit dem Stabmixer aufmixen, abschmecken. Chili-Quitten zur Sauce geben, aufkochen, einige Minuten zugedeckt ziehen lassen.

4
Für die bunten Bohnen Schalotten in der Bratbutter farblos andünsten, rote und weiße Bohnen zugeben. Mit Bohnenkraut, Kräutersalz und Pfeffer abschmecken.

5
Bohnen auf vorgewärmten Tellern anrichten, Chili-Quitten mit der Sauce darauf anrichten, mit den grünen Bohnen und den halbierten Cherrytomaten garnieren.

Tipp
Mit Tortillas-Chips oder warmen Tortillas servieren.

Quitten-Schwarzwurzel-GEMÜSE auf roter Sauce

500 g Schwarzwurzeln
1 dl/100 ml Milch
500 g Quitten
1 TL Bratbutter/Butterschmalz
½ dl/50 ml trockener Weißwein
1 TL Birnendicksaft
Kräutermeersalz
frisch gemahlener Pfeffer

Sauce
1 TL Bratbutter/Butterschmalz
80 g Schalotten, fein gehackt
300 g rohe Randen/Rote Beten
150 g Quitten
4 dl/400 ml Quittenfond, Seite 108
½ dl/50 ml Rahm/Sahne
Kräutermeersalz
frisch gemahlener Pfeffer

1
Für die Sauce Randen schälen und in kleine Würfel schneiden. Quitten mit einem trockenen Küchentuch abreiben und waschen. Früchte schälen, vierteln und entkernen, die Viertel in Spalten schneiden. Schalotten in der Bratbutter andünsten, Quitten und Randen zufügen und mitdünsten, den Quittenfond aufgießen, aufkochen, bei schwacher Hitze weich garen. Die Sauce pürieren und durch ein Sieb passieren. Vor dem servieren mit dem Rahm erhitzen, mit Kräutersalz und Pfeffer abschmecken.

2
Die Schwarzwurzeln schälen, schräg in etwa 5 cm lange Stücke schneiden. Sofort verarbeiten, damit sie sich nicht braun verfärben können. Die Milch mit reichlich Salzwasser erhitzen. Die Schwarzwurzeln zufügen und knackig garen. Abgießen.

3
Die Quitten mit einem trockenen Küchentuch abreiben und waschen. Die Früchte schälen, vierteln und entkernen, mit einem Wellenschnitt-Messer in Stäbchen schneiden. Quittenstücke in einer beschichteten Bratpfanne in der Bratbutter andünsten, Weißwein angießen, bei schwacher Hitze weich garen. Die Schwarzwurzeln und den Birnendicksaft zufügen, einige Minuten köcheln lassen. Mit Pfeffer und Kräutersalz abschmecken.

4
Mit der roten Sauce auf vorgewärmte Teller einen Spiegel gießen. Das Quitten-Schwarzwurzel-Gemüse darauf anrichten.

Abbildung
oben: Kartoffel-Quitten-Rösti, Rezept Seite 50
unten: Quitten-Schwarzwurzel-Gemüse auf roter Sauce, Rezept auf dieser Seite

Kartoffel-Quitten-RÖSTI

1
Die Quitten mit einem trockenen Küchentuch abreiben und waschen. Die Früchte schälen. Die Kartoffeln ebenfalls schälen.

2
Die Quitten und die Kartoffeln auf der Röstiraffel/dem Gemüsehobel hobeln, gut vermengen, Rahm unterrühren. Würzen.

3
Die Bratbutter in einer beschichteten Bratpfanne erhitzen. Die Rösti zufügen, bei mittlerer Hitze langsam beidseitig knusprig braten. Eventuell 4 kleine Röstis braten.

4
Die Cashewnüsse im Backofen bei starker Oberhitze bräunen.

5
Tofu und Lauch in der Bratbutter andünsten, mit Kräutersalz, Pfeffer und Sojasauce würzen. Cashewnüsse zufügen. Über die Rösti verteilen.

Abbildung Seite 48, oben

400 g Quitten
400 g mehlig kochende Kartoffeln
1 Becher (1,8 dl/180 ml) Rahm/Sahne
Kräutermeersalz
gemahlener Koriander
frisch gemahlener Pfeffer
1 EL Bratbutter/Butterschmalz

120 g Cashewnüsse
1 EL Bratbutter/Butterschmalz
200 g geräucherter Tofu, in Streifen
200 g junger Lauch, in Streifen
Kräutermeersalz
frisch gemahlener Pfeffer
Sojasauce

KICHERERBSEN
mit Quitten und Tempeh

200 g Kichererbsen
ca. 1 l Wasser
200 g geschälter fruchtiger Kürbis, grob gewürfelt

1 EL Olivenöl extra nativ
2 Knoblauchzehen, fein gehackt
1 kleine Zwiebel, fein gehackt
1 kleine rote Chilischote, halbiert, in Streifen
1 Msp zerstoßener Kreuzkümmelsamen
200 g gemischtes Gemüse, z. B. Karotten, Pfälzer Rüben, Lauch, klein gewürfelt oder in Streifen
2 dl/200 ml Gemüsebrühe
200 g Tomaten, entkernt und gewürfelt
Kräutermeersalz
frisch gemahlener weißer Pfeffer

wenig Bratbutter/Butterschmalz
100 g geräucherter Tempeh, klein gewürfelt
Sojasauce

200 g Chili-Quitten, Seite 98

1
Die Kichererbsen über Nacht in kaltem Wasser einlegen. Das Wasser am nächsten Tag weggießen. Die Erbsen mit einem Liter frischem Wasser aufkochen und bei schwacher Hitze weich garen. Nach etwa einer Stunde Garzeit Kürbiswürfel zufügen und weich garen, mit einem Schaumlöffel herausnehmen und pürieren. Die Erbsen abgießen.

2
Knoblauch, Zwiebeln, Chilischoten sowie Kreuzkümmel im Olivenöl andünsten, das Gemüse zufügen und mitdünsten. Die Gemüsebrühe angießen. Das Kürbispüree und die Tomaten zufügen, aufkochen, kurz köcheln lassen. Das Gemüse soll noch Biss haben. Die abgetropften Kichererbsen untermischen, aufkochen und kräftig würzen.

3
Tempeh in der Bratbutter rundum anbraten, mit der Sojasauce würzen.

4
Tempeh und Chili-Quitten zu den Kichererbsen geben.

Variante
Tempeh durch Tofu oder Seitan ersetzen.

REIS mit buntem Gemüse und Chili-Quitten

Frühlingszwiebeln, Knoblauch sowie Ingwer in der Brapfanne in der Bratbutter andünsten, Peperoni, Sprossen, Karotten und Kefen zufügen und mitdünsten. Gekochten Reis zufügen, unter ständigem Rühren und Bewegen der Pfanne weiterdünsten/braten. Abschmecken mit Sojasauce, Kräutersalz und Chilischoten. Chili-Quitten unterrühren, erhitzen.

Tipp
Dieses Gericht kann auch mit anderem Gemüse, mit Fleisch, Tofu oder Tempeh oder Seitan zubereitet werden.

1 EL Bratbutter/Butterschmalz
2 Frühlingszwiebeln, in Ringen
1 Knoblauchzehe, fein gehackt
1 cm frischer Ingwer, geschält, klein gewürfelt
je 50 g roter und gelber Peperoni/Paprikaschote
50 g Sojasprossen
1 Karotte, in feinen Streifen
1 Hand voll Kefen/Kaiserschoten
300 g gekochter Langkornreis
einige Spritzer Sojasauce
Kräutermeersalz
1 rote Chilischote, in Ringen
200 g Chili-Quitten, Seite 98

Kartoffel-Quitten-CURRY

1
Die Frühlingszwiebeln in feine Ringe schneiden. Ein wenig Zwiebelgrün in Röllchen schneiden. Die Kartoffeln schälen, mit dem Pariserlöffel Kugeln ausstechen.

2
Zwiebeln und Zwiebelgrün in der Bratbutter farblos andünsten, Kartoffeln und Gemüsebrühe zugeben. Currypaste und Kokosnussmilch unterrühren, aufkochen, bei schwacher Hitze köcheln, bis die Kartoffeln gar sind. Mit Kräutersalz abrunden.

3
Den Romanesco oder den Brokkoli in kleine Röschen brechen, im Dampf knackig garen.

4
Curry-Quitten mit den Kartoffeln vermengen, 10 Minuten ziehen lassen. Romanesco und Chiliringe unterrühren, mit Limettensaft abschmecken.

5
Das Kartoffel-Quitten-Curry auf vorgewärmten Tellern anrichten.

Abbildung

1 TL Bratbutter/Butterschmalz
1 Bund Frühlingszwiebeln
500 g fest kochende Kartoffeln
3 dl/300 ml Gemüsebrühe
1 TL gelbe Currypaste
1½ dl/150 ml Kokosnussmilch
Kräutermeersalz
600 g Romanesco oder Brokkoli
250 g abgetropfte Curry-Quitten, Seite 98
4 kleine rote Chilischoten, in Ringen
1 Limette, Saft

Pastinaken-Quitten-RÖSTI mit Gemüseklößchen

1

Die Quitten mit einem trockenen Küchentuch abreiben und waschen. Früchte schälen und auf der Rohkostreibe fein reiben. Die Pastinaken schälen und auf der Rohkostreibe ebenfalls fein reiben. Eier sowie Hirsemehl mit den Pastinaken und den Quitten vermengen. Würzen. Die Kräuter unterrühren.

2

Aus der Quitten-Pastinaken-Masse in einer beschichteten Bratpfanne in der Bratbutter eine 2 cm hohe Rösti oder kleine Puffer braten.

3

Die äußeren Blätter beim Wirz abschneiden, den Kopf in die einzelnen Blätter zerlegen, grobe Blattrippen entfernen, die Blätter quer in feine Streifen schneiden, unter Zugabe von wenig Wasser kurz dämpfen, die Kochflüssigkeit abgießen. Die Hälfte des Rahms zufügen, bei schwacher Hitze köcheln, bis das Ganze bindet. Würzen.

4

Beim Cicorino rosso die Hüllblätter entfernen. Die Köpfchen quer in feine Streifen schneiden. Das Gemüse unter Zugabe von wenig Gemüsebrühe kurz dünsten, den restlichen Rahm unterrühren, bei schwacher Hitze köcheln lassen, bis das Ganze bindet. Quittendicksaft unterrühren. Würzen.

5

Für die Quittenbutter den Quittendicksaft mit wenig Gemüsebrühe verdünnen, mit der Sojasauce würzen, aufkochen, die Butterflocken mit dem Schneebesen unterrühren. Nicht mehr kochen.

6

Die Pastinaken-Quitten-Rösti in vier Kuchenstücke schneiden. Von den Gemüsen mit einem Esslöffel Klößchen abstechen, zur Rösti anrichten. Die Butter separat servieren.

Rösti
300 g Quitten
300 g Pastinaken
2 Freilandeier
80 g Hirsemehl
Kräutermeersalz
frisch gemahlener Pfeffer
1 EL fein gehackter Majoran
1 EL fein gehackte Petersilie
Bratbutter/Butterschmalz

Gemüseklößchen
250 g Wirz/Wirsing
250 g Cicorino rosso/Radicchio
1 Becher (1,8 dl/180 ml) Rahm/Sahne
wenig Gemüsebrühe
1 EL Quittendicksaft, Seite 111
Kräutermeersalz

Quittenbutter
2 EL Quittendicksaft, Seite 111
wenig Gemüsebrühe
Sojasauce
20 g Butterflocken

Abbildung
oben: Knödel mit Pilzen, Wurzeln und Quitten, Rezept Seite 57
unten: Pastinaken-Quitten-Rösti mit Gemüseklößchen, Rezept auf dieser Seite

VEGETARISCHE GERICHTE

Mariniertes Gemüse
1 rote Zwiebel
2 EL Mehl
je 1 roter und gelber Peperoni/
Paprikaschote
wenig Bratbutter/Butterschmalz
Kräutermeersalz
frisch gemahlener Pfeffer
1 EL Balsamico
2 EL Olivenöl extra nativ

TORTILLAS-SCHNECKEN
mit mariniertem Gemüse

1
Für das marinierte Gemüse die Zwiebel schälen und in Ringe schneiden, im Mehl wenden. Die gelbe Peperoni halbieren und entkernen, Fruchthälften in längliche Rechtecke schneiden. Die rote Peperoni halbieren, den Stielansatz und die Kerne entfernen, in Streifen schneiden. Zwiebeln und Peperoni in der Bratbutter in einer beschichteten Bratpfanne anbraten, auf einen Teller verteilen. Mit Salz und Pfeffer würzen. Balsamico und Olivenöl darüber träufeln. Marinieren.

2
Für die Füllung die Zwiebeln im Olivenöl andünsten, Tomaten zugeben und kurz mitdünsten. Tomatensaft angießen, erhitzen, bei schwacher Hitze auf die Hälfte einkochen. Kichererbsen-Quitten-Chutney, Chili sowie Knoblauch zufügen und erhitzen. Würzen.

3
Den Backofen auf 200 °C vorheizen.

4
Tortillas mit der Sauce bestreichen. Mozzarella und Basilikum darauf verteilen. Mit dem Parmesan bestreuen. Tortillas satt einrollen. Im Backofen bei 200 °C 10 Minuten backen.

5
Tortillas in 12 Stücke schneiden, mit dem Gemüse anrichten.

Variante
Tortillas durch Omeletts/Pfannkuchen ersetzen.

Abbildung Seite 58, oben

Tortilla-Füllung
1 TL Olivenöl extra nativ
1 kleine Zwiebel, fein gehackt
1 mittelgroße Tomate,
klein gewürfelt
2 1/2 dl/250 ml Tomatensaft
4 EL Quitten-Kichererbsen-
Chutney, Seite 100
1/2 getrocknete Chilschote,
grob zerrieben
2 Knoblauchzehen,
grob gehackt
Kräutermeersalz

2 Soft-Tortillas

100 g Mozzarella,
klein gewürfelt
einige Basilikumblätter,
fein geschnitten
50 g geriebener Parmesan

VEGETARISCHE GERICHTE **57**

KNÖDEL mit Pilzen, Karotten und Quitten

1

Für die Knödel die Zwiebeln in der Bratbutter andünsten. Zuerst die Milch, dann das Ei zufügen, glatt rühren. Mit Kräutersalz würzen. Die zerkleinerten Weggli und die Petersilie unterrühren. 1 Stunde ruhen lassen.

2

Eine feuchte Stoffserviette mit flüssiger Butter bepinseln. Aus der Brotmasse eine zirka 6 cm dicke Rolle formen, satt in die Serviette einrollen. Die Enden und die Mitte mit einer feinen Schnur abbinden.

3

Die Knödelrolle in reichlich Salzwasser bei schwacher Hitze rund 40 Minuten garziehen lassen. Im Kochwasser abkühlen lassen. Die Rolle in nicht zu feine Scheiben schneiden.

4

Die Karotten schälen, in Scheiben von 1 cm Breite, 5 cm Länge und 2 mm Dicke schneiden. Im Dampf knackig garen.

5

Die Pilze putzen und klein schneiden.

6

Die Knödelscheiben in einer großen beschichteten Bratpfanne in der Bratbutter beidseitig zügig anbraten, Pilze zugeben und mitbraten. Karotten und Quittenkompott unterrühren. Mit Kräutersalz, Pfeffer und Balsamico abschmecken. Anrichten auf dem Gemüsejus.

Abbildung Seite 55, oben

Knödel
2 EL Bratbutter/Butterschmalz
1 kleine Zwiebel, fein gehackt
1 $^1/_2$ dl/150 ml Milch
1 Freilandei
Kräutermeersalz
150 g Weggli/Semmeln, gewürfelt
1 EL fein gehackte Petersilie
flüssige Butter zum Bepinseln

1 TL Bratbutter/Butterschmalz
200 g Saisonpilze

200 g Karotten
200 g Quittenkompott, Seite 106
Kräutermeersalz
frisch gemahlener weißer Pfeffer
1 EL Balsamico

2 dl/200 ml Gemüsejus, Seite 118

LAUBFRÖSCHE
mit Curry-Bulghur-Füllung

1
Stiele beim Schnittmangold entfernen, Blätter in kochendem Wasser kurz überwallen, abgießen, im Eiswasser (Wasser mit Eiswürfeln) abschrecken. Auf einem Küchentuch ausbreiten.

2
Die Gemüsebrühe aufkochen und über den Bulghur gießen, 20 Minuten quellen lassen.

3
Die Tempehwürfelchen in der Bratbutter knusprig braten. Die Currypaste zugeben, mit Sojasauce abschmecken.

4
Tempeh, Quitten-Meerrettich-Chutney und Quark unter den Bulghur mischen.

5
Den Backofen auf 200 °C vorheizen.

6
Bulghurfüllung auf die Mangoldblätter verteilen, einwickeln. Wickel in einem Schmortopf in der Butter kurz andünsten, Gemüsebrühe zufügen. Im Ofen bei 200 °C 15 bis 20 Minuten zugedeckt schmoren lassen.

7
Mangoldwickel mit wenig Schmorsaft anrichten. Mit dem Quitten-Meerrettich-Chutney servieren.

Variante
Mangoldblätter durch Kohlblätter ersetzen. Laubfrösche auf gratiniertem Rahm-Mangold oder in einer Gemüsebrühe oder auf Linsen oder als Beilage zu Süßwasserfisch oder mit gedünsteten Saisonpilzen servieren.

16 Schnittmangoldblätter

Füllung
40 g Bulghur
1½ dl/150 ml Gemüsebrühe
1 TL Bratbutter/Butterschmalz
2 EL geräucherter Tempeh, klein gewürfelt
1 TL Currypaste
4 Spritzer Sojasauce
1 EL Quitten-Meerrettich-Chutney, Seite 102
1 EL Quark

1 EL Butter
2 dl/200 ml Gemüsebrühe

Quitten-Meerrettich-Chutney, Seite 102

Abbildung
oben: Tortillas-Schnecken mit mariniertem Gemüse, Rezept Seite 56
unten: Laubfrösche mit Curry-Bulghur-Füllung, Rezept auf dieser Seite

Gerührtes *GEMÜSE* mit Quitten auf Nudeln

1
Tofu in 1 cm große Würfel schneiden. Die Marinade zubereiten und über den Tofu verteilen. Über Nacht marinieren.

2
Die Quitten mit einem trockenen Küchentuch abreiben und waschen. Die Früchte schälen, vierteln und entkernen, mit dem Wellenschnitt-Messer in mittelfeine Stäbchen schneiden.
Die Quitten in einer beschichteten Bratpfanne in der Bratbutter andünsten, bis sie ein wenig Farbe angenommen haben. Ingwerscheiben und Palmzucker zugeben, kurz weiterdünsten. Die Gemüsebrühe zugeben, kurz köcheln lassen.

3
Die Kefen putzen, längs in Streifen schneiden. Der Brüsseler Endivie die Spitze abschneiden (den Rest anderweitig verwenden). Das Zitronengras fein schneiden. Die Chilischote längs aufschneiden, entkernen und längs in feine Streifen schneiden.

4
Den Tofu im Sesamöl knusprig braten, Kefen, Zitronengrasstängel, Chilischoten und Brüsseler Endivie kurz mitbraten. Die Quitten zugeben. Würzen. Koriander untermischen.

5
Die Nudeln in reichlich Salzwasser al dente kochen, abgießen. Mit der Butter locker mischen.

6
Die Nudeln nestartig in vorgewärmten Suppentellern anrichten. Das Gemüse in die Vertiefung geben.

200 g Tofu
1 EL Sesamöl

Marinade
2 EL klein gewürfelter Ingwer
2 durchgepresste Knoblauchzehen
2 EL Sojasauce
1 EL Gemüsebrühe

300 g Quitten
1 TL Bratbutter/Butterschmalz
8 feine Ingwerscheiben
1 TL Palmzucker
4 EL Gemüsebrühe

300 g Kefen/Kaiserschoten
$1/2$ Zitronengrasstängel
1 rote Chilischote
1 Brüsseler Endivie/
weißer Chicorée
Kräutermeersalz
Sojasauce
1 TL gehacktes Koriandergrün

200 g feine Eiernudeln
1 großes Stück Butter

Fleischgerichte
Fischgerichte

KALBFLEISCHRÖLLCHEN
mit Quittensauce

1
Die Spinatblätter in kochendem Wasser überwallen, dann im Eiswasser (Wasser mit einigen Eiswürfeln) abschrecken. Die Blätter auf einem Küchentuch ausbreiten.

2
Für die Füllung die Gemüsebrühe mit dem Bulghur aufkochen, auf der ausgeschalteten Wärmequelle zugedeckt 20 Minuten quellen lassen.

3
Die abgetropften Quittenwürfelchen (Kompott) in der Butter andünsten, den Lauch mitdünsten, zusammen mit Kräutern, Parmesan, Brotwürfelchen und Quark unter den Bulghur mischen. Würzen.

4
Die Kalbfleischscheiben hauchdünn klopfen. Würzen. Mit den Spinatblättern belegen. Die Bulghurmasse darauf verteilen. Aufrollen, mit Zahnstochern fixieren.

5
Für die Sauce Schalotten, zerstoßenen Pfeffer und Weißwein fast vollständig einkochen lassen. Quittensirup zugeben und auf die Hälfte einkochen lassen. Durch ein feines Chromstahlsieb passieren. Jus mit Bratenjus, Quittenwürfelchen und Balsamico aufkochen. Einige Minuten köcheln lassen.

6
Die Kalbfleischröllchen in der Bratbutter rundum langsam braten. Warm stellen.

7
Bratsatz mit dem Weißwein ablöschen und auflösen. Quittensauce zugeben, nochmals erhitzen. Butterflocken zugeben. Nicht mehr kochen.

8
Mit der Sauce auf vorgewärmten Tellern einen Spiegel gießen. Die Kalbfleischröllchen aufschneiden und darauf anrichten.

9
Mit gedämpftem Brokkoli oder Lauch servieren.

---

16 große Spinatblätter
4 dünne Kalbfleischscheiben, je ca. 80 g
Kräutermeersalz
frisch gemahlener Pfeffer
wenig Bratbutter/Butterschmalz

Füllung
1 1/2 dl/150 ml Gemüsebrühe
40 g Bulghur
1 TL Bratbutter/Butterschmalz
1 Quitte, klein gewürfelt, als Kompott, Seite 106
2 EL fein geschnittener Lauch
1 EL fein gehackte Petersilie und Thymian
1 EL geriebener Parmesan
1 Scheibe Roggenbrot, klein gewürfelt
1 EL Quark
Kräutermeersalz
frisch gemahlener Pfeffer
wenig Cayennepfeffer

Sauce
1 Schalotte, fein gehackt
4 weiße Pfefferkörner, zerstoßen
1/2 dl/50 ml trockener Weißwein
1 dl/100 ml Quittensirup, Seite 110
1/2 dl/50 ml Bratenjus
1 Quitte, klein gewürfelt; vorbereiten siehe Seite 31
1 TL Balsamico

1 dl/100 ml trockener Weißwein
20 g Butterflocken

FLEISCHGERICHTE

SCHMORBRATEN vom Rind
mit Pflaumen und Quitten

1
Den Backofen auf 180 °C vorheizen.

2
Das Fleisch mit Salz und Pfeffer würzen. Mit den Knochen in der Bratbutter in einem Brattopf langsam anbraten. Gemüse, Tomaten und Tomatenpüree zugeben, bei schwacher Hitze zugedeckt Farbe annehmen lassen. Immer wieder etwas Gemüsebrühe angießen, damit das Gemüse nicht anbrennt. Den Rotwein und die restliche Gemüsebrühe angießen. Den Braten im vorgeheizten Ofen zugedeckt weiterschmoren, rund 40 Minuten. Das Fleisch aus dem Topf nehmen und warm stellen. Den Bratenjus passieren, eventuell ein wenig einkochen lassen.

3
Die Pflaumen und die Quitten mit einem kleinen Stück Butter erwärmen, die gezupften Thymianblättchen untermischen, nach Belieben nachwürzen.

4
Den Braten in Scheiben schneiden, auf Tellern anrichten. Mit der Sauce umgießen. Mit den Quitten und Pflaumen garnieren.

ca. 600 g Bio-Rinderschulter
Kräutermeersalz
frisch gemahlener weißer Pfeffer
Bratbutter/Butterschmalz
100 g Kalbsfuß, grob gehackt
100 g Mischgemüse,
z. B. Karotten, Knollensellerie,
Lauch, Kohlrabi, Kabis/Kohl
1 mittelgroße Tomate, gewürfelt
1 EL Tomatenpüree
4 dl/400 ml Gemüsebrühe
7 dl/700 ml kräftiger Rotwein

60 g Trockenpflaumen,
entsteint, in Streifen
150 g Quittenspalten,
als Kompott, Seite 106
wenig Butter
wenig Thymian

LAMMFLEISCH mit roter Currysauce und Curry-Quitten

600 g Lammschulter
Kräutermeersalz
wenig Bratbutter/Butterschmalz
ca. 3 EL rote Currypaste
600 g ungesüßte Kokosmilch
3 dl/300 ml klarer Geflügelfond, Seite 120
30 g Palmzucker
200 g Curry-Quitten, Seite 98
Kräutermeersalz
6 frische Kaffernlimettenblätter, in feinen Streifen
1 Zweig frischer Koriander, fein gehackt

1

Das Lammfleisch in etwa 1 cm breite Streifen schneiden, mit Kräutersalz würzen. Das Fleisch in der Bratbutter scharf anbraten, aus der Pfanne nehmen und beiseite stellen.

2

Einen Esslöffel Currypaste und die Kokosnussmilch in die Fleischpfanne gießen, gut rühren. Den Geflügelfond und das Lammfleisch zugeben, aufkochen, bei schwacher Hitze garen, bis das Fleisch weich und zart ist. Nun den Palmzucker, die restliche Currypaste und die Curry-Quitten unterrühren. Würzen. Limettenblätter und Koriander unterrühren.

Zum Rezept

Ein feuriges Gericht mit fernöstlichem Einschlag. Mit Naturreis oder Bulghur servieren.

WILDLACHS
auf Quittenallerlei

1
Den Stielansatz bei den grünen Bohnen entfernen, im Dampf knackig garen. Dann unter kaltem Wasser abschrecken und längs halbieren.

2
Den Wildlachs in gleichmäßig große Würfel schneiden. In der Bratbutter rundum braten, würzen. Das Quittengelee und die Sojasauce zugeben, bei schwacher Hitze 1 bis 2 Minuten kochen.

3
Grüne Bohnen, Zwiebeln und Quitten-Kürbis-Chutney auf Tellern anrichten. Die Sauce darüber träufeln. Den Wildlachs darauf anrichten.

400 g zarte grüne Bohnen
1 weiße Zwiebel, halbiert, in Streifen
¼ Rezeptmenge Quitten-Kürbis-Chutney, Seite 102

Salatsauce
2 EL Balsamico
1 TL grobkörniger Senf
frisch gemahlener Pfeffer
Kräutermeersalz
3 EL Olivenöl extra nativ
1 Zweig Bohnenkraut, fein gehackt

400 g Wildlachsfilet ohne Haut
Kräutermeersalz
frisch gemahlener weißer Pfeffer
Bratbutter/Butterschmalz
½ dl/50 ml Quittengelee, Seite 112
einige Spritzer Sojasauce

ZANDER auf Lauch mit Quitten-Ingwer-Butter

1
Für die Quitten-Ingwer-Butter die Schalotten in der Butter langsam andünsten, Quittenfond zugeben, 10 Minuten bei schwacher Hitze kochen. Kalbsfond, Pfefferkörner, Lorbeerblatt und Ingwer zugeben, aufkochen, auf etwa ein Drittel einkochen lassen. Die Sauce durch ein Chromstahlsieb passieren. Kurz vor dem Servieren abermals aufkochen, abschmecken mit Honig, Kräutersalz und Cayennepfeffer. Kalte Butterflocken mit dem Schneebesen unterrühren. Die Sauce nicht mehr kochen!

2
Die Hüllblätter und die zähen Blattteile beim Lauch entfernen, Stangen zuerst quer, dann längs halbieren. Die Gemüsebrühe mit der Butter aufkochen, würzen. Den Lauch und die Quittenwürfelchen zur Brühe geben, bei schwacher Hitze weich garen.

3
Die Eier verquirlen. Sonnenblumenkerne, Kräuter und Eiweiß unterrühren.

4
Die Fischfilets mit Salz und Pfeffer würzen. Mit dem Mehl bestäuben. Die Filets in die Sonnenblumenkernmasse einpacken, gut andrücken. In der Bratbutter beidseitig langsam braten. Vor dem Aufschneiden zugedeckt einige Minuten ruhen lassen, damit sich das Eiweiß im Fisch festigen kann und es einen schönen Schnitt gibt.

5
Lauch aus der Brühe nehmen und auf vorgewärmten Tellern anrichten, Sauce darüber gießen. Zander auf dem Lauch anrichten.

Quitten-Ingwer-Butter
40 g Butter
1 Schalotte, fein gehackt
1 dl/100 ml Quittenfond, Seite 108
2 dl/200 ml Kalbsfond, Seite 120
6 Pfefferkörner
1 Lorbeerblatt
1 EL fein gehackter Ingwer
1 TL Honig
Kräutermeersalz
wenig Cayennepfeffer
40 g kalte Butterflocken

Lauch-Quitten-Gemüse
400 g Lauch
200 g Quitten, klein gewürfelt; vorbereiten siehe Seite 31
1 dl/100 ml Gemüsebrühe
1 TL Butter
Kräutermeersalz
frisch gemahlener weißer Pfeffer

Zanderfilet
500 g Zander, möglichst große Filets
Meersalz, Pfeffer, Mehl
2 Freilandeier
100 g Sonnenblumenkerne, grob gehackt
2 EL fein gehackte Kräuter
1 EL leicht geschlagenes Eiweiß

Bratbutter/Butterschmalz

Süße Gerichte

QUITTENTASCHEN
auf Quittensauce

1
Für den Kartoffelteig die Kartoffeln schälen und klein würfeln, über Dampf weich garen. Die noch heißen Kartoffeln durch das Passevite/die Flotte Lotte drehen, erkalten lassen. Restliche Zutaten untermischen, zu einem glatten Teig verarbeiten.

2
Für die Füllung die Brotbrösel in der Butter unter Rühren andünsten. Die Apfelwürfelchen und das Gelee unterrühren.

3
Kartoffelteig auf bemehlter Arbeitsfläche 2 mm dick ausrollen. Mit einem runden Ausstecher von etwa 6 cm Durchmesser 24 Rondellen ausstechen. Füllung auf die Rondellen verteilen. Die Teigränder mit dem Ei bepinseln, zusammenklappen, gut andrücken.

4
Für die Sauce die Quittenkonfitüre und Quittenwürfelchen mit dem Rum und dem Zimt erwärmen.

5
In einem großen Kochtopf reichlich Salzwasser aufkochen. Die Quittentaschen darin bei schwacher Hitze 8 Minuten ziehen lassen. Mit einem Schaumlöffel herausnehmen.

6
Die Quittensauce auf die Teller verteilen. Die Taschen darauf legen. Mit dem Puderzucker bestäuben.

---

für 24 Taschen

Teig
500 g mehlig kochende Kartoffeln
120 g Weizenweißmehl/ Mehltype 405
40 g weiche Butter
2 Eigelbe von Freilandeiern
2 Prisen Meersalz

1 Ei zum Bestreichen
Puderzucker

Füllung
75 g Butter
60 g helle Brotbrösel
1 kleiner Boskoop, klein gewürfelt
100 g Quittengelee, Seite 112

Sauce
150 g Quittenkonfitüre, Seite 108
50 g gekochte Quittenwürfelchen
1 EL Rum
1 TL Zimtpulver

Abbildung
oben: Vogelheu mit Quittenstäbchen, Rezept Seite 79
unten: Quittentaschen auf Quittensauce, Rezept auf dieser Seite

QUITTENTÖRTCHEN

1
Für den Fond Wasser, Weißwein, Zucker und Zitronensaft in einer weiten Pfanne 5 Minuten kochen.

2
Die Quitten mit einem trockenen Küchentuch abreiben und waschen. Die Früchte schälen, vierteln, entkernen und in Spalten schneiden. Im Fond halb weich kochen. Mit einem Schaumlöffel herausnehmen und auskühlen lassen.

3
Den Quittensirup dickflüssig einkochen lassen.

4
Den Blätterteig auf bemehlter Arbeitsfläche 3 mm dick ausrollen. 8 Rondellen von 10 cm Durchmesser ausstechen. Rondellen auf ein Blech legen, mit einer Gabel ein paar Mal einstechen.

5
Den Backofen auf 200 °C vorheizen.

6
Die Quittenspalten fächerartig auf die Teigrondellen legen, dabei einen Rand von 15 mm frei lassen. Den Teigrand nach Belieben verzieren und mit wenig Zucker bestreuen. Das mit dem Zucker (2 EL) vermischte Vanillemark auf die Quitten verteilen. Mit Butterflocken belegen.

7
Die Quittentörtchen auf der untersten Schiene in den Ofen schieben, bei 200 °C 15 Minuten backen. Mit dem Quittensirup bepinseln.

8
Crème fraîche und abgeriebene Zitronenschalen verrühren. Mit dem Quittentörtchen anrichten, garnieren mit in Streifchen geschnittenen Zitronenzesten.

---

für 8 Törtchen

400 g Butterblätterteig

3½ dl/350 ml Wasser
1 dl/100 ml Weißwein
4 EL Zucker
½ Zitrone, Saft
3–4 reife Quitten
1 Vanilleschote
ca. 2 EL Zucker
50 g Butter

150 g Crème fraîche
2 unbehandelte Zitronen, Zesten und abgeriebene Schale

Quitten-Reis-PFANNKUCHEN

1 Sämtliche Zutaten gut vermengen.

2 In einer beschichteten Bratpfanne in wenig Bratbutter Pfannkuchen braten.

Tipp Mit Quittenkompott, Seite 106, servieren. Dieses Gericht eignet sich sehr gut für die Verwertung von Reisresten.

150 g gekochter Rundkornreis (Milchreis)
0,8 dl/80 ml Milch
2 Freilandeier
60 g Zucker
120 g Quittenwürfelchen, als Kompott, Seite 106
½ unbehandelte Zitrone, abgeriebene Schale
1 Prise Meersalz

Bratbutter/Butterschmalz

QUITTENAUFLAUF

1 Brioche in 5 mm dicke Scheiben schneiden. Mit der Milch beträufeln. Einige Minuten stehen lassen. Brotscheiben in der Bratbutter beidseitig goldgelb braten, auf Haushaltpapier abtropfen lassen.

2 Sultaninen, Orangenzesten, Zimt, Rum und Mandelstifte unter das Quittenkompott mischen.

3 Für den Guss Eier, Milch und Zucker verrühren. Vanilleschote aufschneiden, das Mark abstreifen und zum Guss geben.

4 Den Backofen auf 180 °C vorheizen.

5 Eine ofenfeste Form oder vier Portionenförmchen mit Butter ausstreichen. Boden mit den Briochescheiben bedecken. Die Hälfte des Quittenkompotts darauf verteilen. Briochescheiben darauf legen. Das restliche Kompott darauf verteilen. Abschließen mit Briochescheiben. Den Eierguss darüber gießen.

6 Quittenauflauf im vorgeheizten Ofen bei 180 °C 10 Minuten backen. 10 Minuten ruhen lassen. Mit Puderzucker bestäuben.

Tipp Mit einer Vanillesauce servieren.

250 g Brioche
0,3 dl/30 ml lauwarme Milch
30 g Bratbutter/Butterschmalz

500 g feine Quittenspalten, als Kompott, gut abgetropft, Seite 106
30 g Sultaninen
1 unbehandelte Orange, davon Zesten
1 TL Zimtpulver
1 EL Rum
40 g Mandelstifte

Eierguss
3 Freilandeier
2 dl/200 ml Milch
30 g Zucker
1 Vanilleschote

weiche Butter für die Form
Puderzucker

SÜSSE GERICHTE **79**

VOGELHEU
mit Quittenstäbchen

6 Quitten
2 dl/200 ml Apfelsaft
300 g Einback, Brioche, Weggli oder Semmeln, 1 bis 2 Tage alt
100 g Bratbutter/Butterschmalz
4 dl/400 ml Rahm/Sahne
2 Freilandeier
120 g heller, flüssiger Honig
½ unbehandelte Zitrone, abgeriebene Schale
2 EL Vanillezucker

1
Die Quitten mit einem trockenen Küchentuch abreiben und waschen. Früchte vierteln, entkernen, in Stäbchen schneiden. Im Apfelsaft weich garen.

2
Das Einback in 5 mm große Würfel schneiden, in der Bratbutter goldgelb rösten.

3
Rahm, Eier, Honig, abgeriebene Zitronenschale und Vanillezucker glatt rühren, mit Quittenstäbchen und Brotwürfelchen vermengen.

4
Das Vogelheu in einer beschichteten Bratpfanne in der Bratbutter unter ständigem Rühren braten, bis die Flüssigkeit gestockt ist.

5
Vogelheu auf Tellern anrichten. Mit dem Quittenkompott, Seite 106, servieren.

Tipp
Wenn das Vogelheu als Dessert serviert wird, reicht die halbe Menge.

Abbildung Seite 75, oben

LIWANZEN
mit Quittenkompott

20 g Butter
3 dl/300 ml Milch
30 g Akazienblütenhonig
20 g Hefe
1 Vanilleschote
½ unbehandelte Zitrone, abgeriebene Schale
250 g Weizenweißmehl/ Mehltype 405
2 Eigelbe von Freilandeiern
2 Eiweiß
1 Prise Meersalz
1 TL Bratbutter/Butterschmalz

Quittenkompott
1 kg Quitten
100 g Akazienhonig
1 dl/100 ml Apfelsaft
1 Zitrone, Saft
½ Zimtstange
2 EL Zucker
8 Korianderkörner, zerstoßen

1
Für den Teig die Butter schmelzen, die Milch und den Honig zugeben, leicht erwärmen. Die Hefe in der Honigmilch auflösen. Die Vanilleschote aufschlitzen, Mark abstreifen und zur Milch geben. Zitronenschalen, Mehl und Eigelbe zugeben, zu einem glatten Teig rühren. Teig etwa 1 Stunde gehen lassen. Das Eiweiß mit einer Prise Salz zu Schnee schlagen, unter den Teig ziehen.

2
Die Quitten mit einem trockenen Küchentuch abreiben und waschen. Die Früchte schälen, vierteln und entkernen.

3
Etwa einen Viertel der Quitten mit dem Akazienhonig, dem Apfel- und Zitronensaft und der Zimtstange zu einem Püree kochen. Die Zimtstange entfernen. Die Früchte pürieren.

4
Die Quittenschalen samt Kerngehäuse mit 2 dl/200 ml Wasser aufkochen, den Zucker und die Korianderkörner zugeben, bei schwacher Hitze 10 Minuten kochen. Den Fond durch ein Sieb passieren.

5
Die restlichen Quitten klein würfeln, im Quittenfond weich garen. Zum Püree geben.

6
Aus dem Teig in einer beschichteten Bratpfanne in wenig Bratbutter Liwanzen von etwa 5 cm Durchmesser braten.

7
Die Liwanzen mit dem warmen Quittenkompott servieren. Auf dem Foto wurden aus dem Quittenkompott Klößchen geformt.

Abbildung, nebenan, ganz rechts

Abbildung
oben: Reiskuchen mit Quittenstückchen, Rezept Seite 85
links: Strudel mit Dörrfrüchten und Quitten, Rezept Seite 84
rechts: Liwanzen mit Quittenkompott-Klößchen, Rezept auf dieser Seite

Desserts

STRUDEL MIT DÖRRFRÜCHTEN UND QUITTEN

für 5 bis 6 Personen

1

Für den Strudelteig das Mehl und das Salz mischen. Das Ei und das Distelöl unterrühren. So viel Wasser nach und nach unter das Mehl arbeiten, bis der Teig weich und elastisch ist. Eine Kugel formen und diese mit Öl einpinseln. An einem warmen Ort zugedeckt 1 Stunde ruhen lassen.

2

Die Brotbrösel in der Butter rösten. Den Zimt und den Zucker zugeben, unter Rühren karamellisieren.

3

Für die Füllung die Äpfel schälen, vierteln und entkernen, die Viertel feinblättrig schneiden. Getrocknete Aprikosen und Zwetschgen klein würfeln. Früchte mit den übrigen Zutaten unter das Quittenkompott rühren, 10 Minuten ziehen lassen.

4

Den Backofen auf 190 °C vorheizen.

5

Den Strudelteig auf bemehlter Arbeitsfläche ausrollen. Auf einem bemehlten Küchentuch von Hand möglichst dünn ausziehen, indem man mit dem Handrücken immer wieder unter den Teig fasst und diesen langsam und gleichmäßig dehnt und zieht. Wenn der Teig sehr trocken ist, zwischendurch mit flüssiger Butter bepinseln. Am Schluss die Teigränder gerade schneiden. Butterbrösel auf den Teig verteilen, 3 bis 4 cm Rand auf allen Seiten frei lassen. Die Füllung auf die Brotbrösel verteilen. Teigenden einschlagen. Den Strudel durch Anheben des Tuches einrollen. Strudel mit dem Teigende unten auf ein mit Backpapier belegtes Blech legen. Mit flüssiger Butter bepinseln.

6

Den Strudel im vorgeheizten Ofen bei 190 °C 15 bis 20 Minuten backen.

Abbildung Seite 78, links

Strudelteig

150 g Weizenweißmehl/
Mehltype 405
1 Prise Meersalz
1 Freilandei
1 TL Distelöl
0,6 dl/60 ml Wasser

Butterbrösel

40 g Butter
100 g Brotbrösel
1 TL Zimtpulver
30 g Vollrohrzucker

Füllung

150 g Äpfel
60 g getrocknete Aprikosen
und Zwetschgen
150 g Quitten, als Kompott,
abgetropft, Seite 106
1 Zitrone, Saft
1 Prise Zimtpulver
30 g Vollrohrzucker
einige Baumnuss-/Walnusskerne,
gehackt und geröstet
1 EL Quittenlikör, Seite 111

flüssige Butter zum Einpinseln

REISKUCHEN
mit Quittenstückchen

für eine Springform von 20 cm Durchmesser

200 g Mürbeteig

350 g Quitten
1 dl/100 ml Apfelsaft

80 g Rundkornreis (Milchreis)
2½ dl/250 ml Milch
1 Prise Meersalz
1 Vanilleschote
30 g Butter
1 unbehandelte Zitrone, abgeriebene Schale
3 Eigelbe von Freilandeiern
50 g Honig
30 g Quittendicksaft, Seite 111

3 Eiweiß
1 TL Puderzucker

Puderzucker für die Garnitur

1
Die Quitten mit einem trockenen Küchentuch abreiben und waschen. Die Früchte schälen, vierteln und entkernen. Quittenviertel klein würfeln. Quittenwürfelchen im Apfelsaft weich garen, mit einem Schaumlöffel herausnehmen. Den Apfelsaft köcheln lassen, bis er bindet. Die Früchte wieder zufügen.

2
Rand und Boden der Springform mit Butter einstreichen. Den Teig auf die Größe der Form ausrollen, groß genug, um den Boden und den Rand auszukleiden. Den Teig in die Form legen.

3
Den Reis mit kochendem Wasser übergießen, in ein Sieb geben, mit kaltem Wasser abspülen. Reis, Milch, Salz, aufgeschnittene Vanilleschote, Butter sowie Zitronenschalen aufkochen, Reis bei schwacher Hitze weich garen, etwa 30 Minuten. Wenig abkühlen lassen. Vanillemark abstreifen und unter den Reis mischen, Schotenhälften entfernen.

4
Eigelb, Honig und Quittendicksaft luftig aufschlagen, unter die noch warme Reismasse rühren.

5
Den Backofen auf 180 °C vorheizen.

6
Das Eiweiß mit dem Puderzucker zu Schnee schlagen, unter den Reis ziehen.

7
Die Hälfte der Reismasse auf den Teigboden streichen. Quittenwürfelchen darauf verteilen. Mit restlichem Reis zudecken.

8
Reis-Quitten-Kuchen im vorgeheizten Ofen bei 180 °C 1 Stunde backen. Nach Belieben mit Puderzucker bestäuben.

Variante
Die Reismasse lässt sich ohne Teig als Reisauflauf backen. Mit Quittenmus servieren.

Abbildung Seite 79, oben

GETREIDESALAT
mit Kefir und Quitten

1

Den Apfel waschen, vierteln, entkernen und in feine Spalten schneiden. Die Quittenspalten eventuell quer halbieren.

2

Den Quittendicksaft unter den Kefir rühren. Äpfel, Quitten und Getreide zugeben. Mit der Minze garnieren.

Zum Rezept

Dieses einfache Rezept ist verwandlungsfähig. Anstelle des Kefir kann man Jogurt oder Sauermilch verwenden. Der Quittendicksaft kann durch Honig oder Birnendicksaft ersetzt werden. Auch bei den Früchten darf variiert werden.

Einkorn

Urgetreide. Erhältlich im Bioladen und im Reformhaus.

1 Apfel
150 g Quittenspalten, als Kompott, abgetropft, Seite 106
4 EL Quittendicksaft, Seite 111
2–3 dl/200-300 ml Kefir
80 g gekochte Einkorn-, Dinkel- oder Weizenkörner
6 Minzeblättchen, in Streifchen

MANDEL-CLAFOUTIS
mit Quitten

1

Den Backofen auf 180 °C vorheizen. Eine ofenfeste Form mit weicher Butter einfetten.

2

Die Eier mit dem Honig zu einer luftigen Creme aufschlagen. Mandellikör, Mandeln und geriebener Zwieback unterrühren. Das Mehl löffelweise unterrühren. Den Rahm unterrühren.

3

Ein Drittel der Biskuitmasse in die Form füllen, glatt streichen. Mit einem Teil der Quitten belegen. Restliche Teigmasse darüber verteilen. Die restlichen Quittenspalten in den Teig stecken. Mit dem Quittendicksaft bepinseln.

4

Clafoutis im vorgeheizten Ofen bei 180 °C rund 40 Minuten backen. Mit Puderzucker bestäuben. Warm servieren.

Abbildung

4 Freilandeier
60 g flüssiger Honig
1 EL Mandellikör
20 g geschälte, geriebene Mandeln
20 g geriebener Zwieback
80 g Weizenweißmehl/ Mehltype 405
½ dl/50 ml Rahm/Sahne

Butter für die Form

500 g Quittenspalten, als Kompott, Seite 106
1 EL Quittendicksaft, Seite 111

Puderzucker zum Bestäuben

HERBSTFRÜCHTE
an Rotweinsauce mit Zimtparfait

3 dl/300 ml kräftiger Rotwein
1 dl/100 ml Saft vom
Quittenkompott
1 Zimtstange
200 g Zucker
300 g Quittenspalten,
als Kompott, Seite 106
300 g gefrorene Marroni/
Esskastanien

Zimtparfait
70 g Akazienblütenhonig
3 Eigelbe von Freilandeiern
1 Freilandei
1 EL Zimtpulver
2½ dl/250 ml Rahm/Sahne
1 unbehandelte Orange,
davon Zesten

1
Rotwein, Quittensaft und Zimtstange aufkochen.

2
Den Zucker in einem Gusseisentopf bei mittlerer Hitze hellbraun karamellisieren, mit dem Rotwein-Quitten-Saft ablöschen, den Karamell auflösen, die Marroni zugeben, bei schwacher Hitze weich garen, 10 bis 15 Minuten. Marroni mit einem Schaumlöffel herausnehmen. Fond auf zwei Drittel einkochen lassen. Quittenspalten und Marroni zum Fond geben, erkalten lassen.

3
Parfaitförmchen oder eine große Form im Tiefkühler vorkühlen.

4
Für das Parfait Akazienblütenhonig, Eigelbe, Ei und Zimt über dem kochenden Wasserbad zu einer luftigen Masse aufschlagen. Im Eiswasser (Wasser mit ein paar Eiswürfeln) kalt schlagen. Den steif geschlagenen Rahm unterziehen. Die in Streifchen geschnittenen Orangenzesten unterrühren. Parfaitmasse in die vorgekühlten Förmchen füllen, im Tiefkühler gefrieren lassen.

5
Quitten und Marroni mit der Rotweinsauce anrichten. Zimtparfait darauf stürzen.

Abbildung
oben: Dreierlei Nudeln mit
Zabaione und Nüssen,
Rezept Seite 91
unten: Herbstfrüchte mit Rotweinsauce und Zimtparfait, Rezept auf
dieser Seite

GUGELHUPF
mit Quittenwürfelchen

1
Hefe in der Milch auflösen. Honig, Eigelbe, Zitronenschalen und Salz unterrühren. Das Mehl und die flüssige Butter unterrühren. Teig 10 bis 15 Minuten gut kneten, zugedeckt 30 Minuten gehen lassen.

2
Den Hefeteig noch einmal gut durchkneten, weitere 30 Minuten gehen lassen. Nochmals gut kneten und gehen lassen.

3
Den Hefeteig auf der Arbeitsfläche fingerdick ausrollen. Mit flüssiger Butter bepinseln.

4
Den Backofen auf 180 °C vorheizen. Die Gugelhupfform mit weicher Butter gut einfetten.

5
Nüsse, Sultaninen, gut abgetropfte Quittenwürfelchen, Zimtpulver und Honig mischen. Auf den Teig verteilen. Das Teigblatt satt einrollen und in die gebutterte Form legen. Nochmals gehen lassen.

6
Den Gugelhupf im vorgeheizten Ofen bei 200 °C 50 Minuten backen. 5 bis 10 Minuten ruhen lassen. Stürzen.

für eine mittelgroße Gugelhupfform

Teig
30 g Hefe
2 dl/200 ml zimmerwarme Milch
50 g flüssiger Honig
2 Eigelbe von Freilandeiern
1 unbehandelte Zitrone, abgeriebene Schale
1 Prise Meersalz
400 g Weizenweißmehl/ Mehltype 405
70 g flüssige Butter

flüssige Butter zum Bepinseln

Füllung
60 g Baum-/Walnusskerne, grob gehackt
30 g Sultaninen
100 g Quitten, als Kompott, klein gewürfelt, Seite 106
2 EL Zimtpulver
30 g flüssiger Honig

Dreierlei *NUDELN* mit Zabaione und Nüssen

Schokonudeln

70 g Weizenweißmehl/
Mehltype 405
30 g Weizendunst
15 g Puderzucker
30 g Kakaopulver
½ Vanilleschote
2 Freilandeier

2 EL Rahm/Sahne

Quittennudeln

500 g Quitten
100 g Honig
1 dl/100 ml Weißwein
1 dl/100 ml kräftiger Rotwein
1 EL Randen-/Rote-Bete-Saft
2–3 Scheiben Ingwerwurzel

Zabaione

2 Eigelbe von Freilandeiern
1½ dl/150 ml Quittenfond,
Seite 108
1 Vanilleschote, aufgeschnitten
1 EL Quittenlikör, Seite 111

Nusskrokant

80 g Puderzucker
80 g Haselnüsse, grob gehackt

Abbildung Seite 88, oben

1
Für die Nudeln alle Zutaten zu einem glatten Teig verarbeiten.
Im Kühlschrank zugedeckt 1 Stunde ruhen lassen.

2
Teig auf bemehlter Arbeitsfläche oder auf der Nudelmaschine
in ein möglichst langes Rechteck von 5 mm Dicke ausrollen.
Die Ränder gerade schneiden. Nudeln von 10 bis 15 mm Breite
schneiden.

3
Die Quitten mit einem trockenen Küchentuch abreiben.
Früchte waschen und schälen. Mit dem Sparschäler vom Stiel
gegen die Fliege hin dünne Streifen abziehen, bis das
Kerngehäuse sichtbar wird.

4
Quittenschalen und Kerngehäuse mit der Hälfte des Honigs
und dem Weißwein aufkochen, 10 Minuten ziehen lassen,
durch ein feines Sieb passieren. Die Hälfte der Quittenstreifen
(Nudeln) im Fond weich garen, herausnehmen und auf
einem Tuch trocknen lassen.

5
Rotwein, Randensaft, Ingwer und restlichen Honig aufkochen,
die restlichen Quittenstreifen (Nudeln) darin weich kochen,
aus dem Fond nehmen, trocknen lassen.

6
Für die Zabaione Eigelb, Quittenfond, ausgekratztes Vanillemark sowie Quittenlikör über dem schwach kochenden Wasserbad luftig aufschlagen.

7
Für den Krokant den Zucker in einer Gusseisenpfanne hellbraun karamellisieren, Haselnüsse zugeben, sofort von
der Wärmequelle nehmen. Den noch heißen Krokant auf eine
geölte Platte geben und mit dem Nudelholz flach drücken.
Den erkalteten Krokant im Mörser fein zerstoßen.

8
Die Teignudeln in schwach gesalzenem Wasser al dente kochen.
Zwei Esslöffel Wasser entnehmen. Die Nudeln abgießen.

9
Die 2 Esslöffel Nudelkochwasser und die 2 Esslöffel Rahm
aufkochen. Alle Nudeln zugeben und vermengen, erwärmen.

10
Nudeln in einem Suppenteller anrichten. Die Zabaione darüber
gießen. Mit dem Krokant bestreuen.

QUITTENCREME
«katalanische Art»

1
Eigelbe, Maisstärke und Quittendicksaft glatt rühren.

2
Quittensirup, Apfel- und Orangensaft und Agar-Agar-Pulver in einer Pfanne glatt rühren, aufkochen. Den heißen Fruchtsaft unter Rühren zum Eigelb geben. Die Creme zurück in die Pfanne gießen und unter ständigem Rühren bei schwacher Hitze dicklich einkochen. Creme durch ein feines Sieb passieren, in 4 flache Schalen verteilen. Zugedeckt erkalten, anschließend im Kühlschrank gut durchkühlen lassen.

3
Gekühlte Creme mit Zucker bestreuen und mit einem Bunsenbrenner oder Brenneisen abflämmen.

Karamell
Ohne Bunsenbrenner oder Brenneisen kann dieses Rezept leider nicht zubereitet werden, da der Zucker im Backofen selbst bei starker Oberhitze nicht karamellisiert.

Variante
Die kalte Creme in einer Schüssel mit dem Handrührgerät luftig aufschlagen, mit Schlagrahm verfeinern.

Abbildung oben

3 Eigelbe von Freilandeiern
1 TL Maisstärke
2 EL Quittendicksaft, Seite 111
1½ dl/150 ml Quittensirup, Seite 110
1½ dl/150 ml Apfelsaft
1 EL Orangensaft
1 TL Agar-Agar-Pulver (Reformhaus)
Zucker

QUITTENGRÜTZE

1
Quittensirup, Apfelsaft, Quittendicksaft, Zimt, Sternanis und Lindenblüten aufkochen, auf der ausgeschalteten Wärmequelle zugedeckt 5 Minuten ziehen lassen. Passieren.

2
Das Agar-Agar-Pulver zusammen mit dem Orangensaft unter den passierten Fruchtsaft rühren, aufkochen, 2 bis 3 Minuten bei schwacher Hitze köcheln lassen. Etwas abkühlen lassen.

3
Die Quittenspalten und den Fruchtsaft in Dessertschalen oder in Gläser verteilen. Den Jogurt mit dem Birnendicksaft und dem ausgekratzten Vanillemark verrühren, auf die Grütze verteilen.

Abbildung unten

2 dl/200 ml Quittensirup, Seite 110
6 dl/600 ml Apfelsaft
1 EL Quittendicksaft, Seite 111
½ Zimtstange
½ Sternanis
6 Lindenblüten oder
1 Teebeutel Lindenblütentee
1 TL Agar-Agar-Pulver (Reformhaus)
1 Orange, Saft
300 g Quittenspalten, als Kompott, Seite 106

1 Becher (180 g) Naturjogurt
1 EL Birnendicksaft
1 Vanilleschote

Brot-Quitten-*PUDDING* mit Zabaione

1

Eier und Butter etwa eine Stunde vor der Zubereitung aus dem Kühlschrank nehmen. Den Backofen auf 200 °C vorheizen. Ein Wasserbad für 6 Förmchen bereit stellen.

2

Die Quittenspalten klein würfeln.

3

Die Porzellan-Puddingförmchen oder Mokkatassen mit der Butter ausstreichen und mit den Brotbröseln ausstreuen; dazu ein Förmchen zu ¾ mit den Brotbröseln füllen, restlichen Inhalt ins nächste Förmchen füllen.

4

Die Brotbrösel in der Milch einweichen.

5

Die weiche Butter und den Quittendicksaft luftig aufschlagen. Die Eigelbe zugeben, kurz weiter schlagen. Eingeweichte Brotbrösel, Nüsse, Quittenwürfelchen, Zitronenschalen, Zimt, Koriander, Quittenlikör und Zitronensaft unterrühren. Das Eiweiß mit der Prise Salz zu Schnee schlagen, sorgfältig unter die Masse ziehen. Vorbereitete Förmchen zu ¾ füllen.

6

Den Pudding im vorgeheizten Ofen bei 200 °C im Wasserbad rund 30 Minuten backen.

7

Für die Zabaione das Eigelb und den Glühwein über dem leicht kochenden Wasserbad luftig aufschlagen, im Eiswasser (dem Wasser ein paar Eiswürfel beigeben) kalt schlagen. Eine so zubereitete Zabaione behält ihr Volumen für einige Zeit.

8

Den Rand des noch warmen Puddings mit einem Messer lösen, auf Teller stürzen. Die Quittenspalten und die Zabaione zugeben..

für 6 Personen
für 6 Puddingförmchen
von 1 dl/100 ml Inhalt

60 g Quittenspalten, als Kompott, Seite 106
60 g Vollkornbrotbrösel
½ dl/50 ml Milch
75 g Butter
0,6 dl/60 ml Quittendicksaft, Seite 111
2 Eigelbe von Freilandeiern
90 g grob gehackte Baumnuss-/Walnusskerne
½ unbehandelte Zitrone, davon Zesten
1 Msp Zimtpulver
Koriander aus der Mühle (6 Umdrehungen)
1 EL Quittenlikör, Seite 111
1 TL Zitronensaft
1 Prise Meersalz
2 Eiweiß

Butter für die Förmchen
Vollkornbrotbrösel für die Förmchen

Quittenspalten, als Kompott, Seite 106

Glühwein-Zabaione
1 Eigelb von einem Freilandei
0,8 dl/80 ml gesüßter Glühwein

Eingemachtes

Chili-Quitten

1
Die Quitten mit einem trockenen Küchentuch abreiben und waschen. Die Früchte schälen, vierteln und entkernen. Fruchtviertel würfeln.

2
Die Quitten mit den übrigen Zutaten aufkochen, bei schwacher Hitze kochen, bis die Quitten weich sind.

3
Die Chili-Quitten in vorgewärmte Vorratsgläser füllen, sofort verschließen.

500 g Quitten
4 dl/400 ml Wasser
150 g Zucker
1 frische rote Chilischote, aufgeschnitten
1 Lorbeerblatt
1 Limette, Saft
1 TL Meersalz

Curry-Quitten

1
Die Quitten mit einem trockenen Küchentuch abreiben und waschen. Die Früchte schälen, vierteln und entkernen. Die Fruchtviertel in Stäbchen schneiden.

2
Die Quittenstäbchen mit den übrigen Zutaten aufkochen, bei schwacher Hitze kochen, bis die Quitten weich sind.

3
Die Curry-Quitten in vorgewärmte Vorratsgläser füllen und sofort verschließen.

Verwendung
Für Gemüse-Eintöpfe, zu Salat, als Geschmackgeber in Curry-Gerichten.

600 g Quitten
4 dl/400 ml Wasser
150 g Zucker
1 Zwiebel, fein gehackt
1 Zitronengrasstängel
1 Stück Ingwerwurzel
$1/2$ TL Currypaste oder -pulver
1 Zweig Koriander
1 TL Meersalz

Süßsaure Quitten

600 g Quitten
½ l Zitronenwasser
400 g Zucker
4 dl/400 ml Weißweinessig
½ Zimtstange
1 TL fein gehackte Ingwerwurzel
2 Nelken

1

Die Quitten mit einem trockenen Küchentuch abreiben und waschen. Früchte schälen, vierteln und entkernen. Fruchtviertel in feine Spalten schneiden. Sofort in das Zitronenwasser einlegen, damit sie sich nicht braun verfärben.

2

Den Zucker und den Essig aufkochen. Quittenspalten aus dem Zitronenwasser nehmen, zum Sud geben, bei schwacher Hitze kochen, bis die Früchte fast weich sind. Abschäumen. Den Fond abgießen und auffangen.

3

Den Fond zusammen mit den Gewürzen aufkochen, wenig einkochen lassen, über die Quitten gießen.

4

Am nächsten Tag Fond abgießen und auffangen, aufkochen, lauwarm zu den Quitten geben. Diesen Vorgang noch während zwei Tagen wiederholen.

5

Die Quitten erhitzen, in vorgewärmte Vorratsgläser füllen und sofort verschließen.

Abbildung Seite 101

Scharfes Quitten-Kichererbsen-Chutney

1
Die Kichererbsen über Nacht in reichlich kaltem Wasser einlegen. Das Wasser am nächsten Tag weggießen. Erbsen mit frischem Wasser aufkochen, bei schwacher Hitze rund 50 Minuten garen, bis die Erbsen weich sind. Abgießen.

2
Die Quitten mit einem trockenen Küchentuch abreiben und waschen. Früchte vierteln und entkernen. Fruchtviertel in dicke Spalten schneiden.

3
400 g Quittenstücke unter Zugabe von wenig Wasser weich garen. Pürieren.

4
Quittenschalen, Kerngehäuse und restliche Quitten mit einem Liter Wasser aufkochen, bei schwacher Hitze 2 Stunden kochen. Den Topfinhalt passieren, den Fond auffangen. Bei starker Hitze auf 2 dl/200 ml einkochen.

5
Zucker am besten im Gusseisentopf hellbraun karamellisieren, mit dem Quittenfond (2 dl/200 ml) ablöschen, aufkochen. Quittenpüree, Ingwer, Chilischoten und Zitronengras zugeben. Kichererbsen unterrühren, bei schwacher Hitze 10 Minuten kochen. Mit Kräutersalz abschmecken. Chutney in vorgewärmte Vorratsgläser füllen und sofort verschließen.

Abbildung

1 kg Quitten
100 g Kichererbsen
80 g Zucker
200 g Quittenpüree, Seite 114
1 EL klein gewürfelter Ingwer
1 Zitronengrasstängel
2 kleine rote Chilschoten, aufgeschnitten und entkernt
Kräutermeersalz

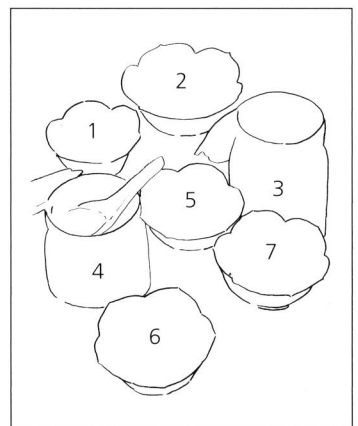

1 Quitten-Zwetschgen-Chutney, Rezept Seite 103
2 Quitten-Kürbis-Chutney, Rezept Seite 102
3 Quitten-Kumquat-Chutney, Rezept Seite 104
4 Quitten-Meerrettich-Chutney, Rezept Seite 102
5 Scharfes Quitten-Kichererbsen Chutney, Rezept auf dieser Seite
6 Süßsaure Quitten, Rezept Seite 99
7 Quitten-Apfel-Chutney, Rezept Seite 103

Quitten-Kürbis-Chutney

1
Die Quitten mit einem trockenen Küchentuch abreiben und waschen. Die Früchte vierteln und entkernen. Die Fruchtviertel würfeln.

2
Kürbis schälen, entkernen und in kleine Würfel schneiden.

3
Alle Zutaten – ohne Kürbis – aufkochen, bei schwacher Hitze 10 Minuten kochen. Kürbiswürfel zugeben, bei schwacher Hitze bissfest kochen.

4
Quitten-Kürbis-Chutney in vorgewärmte Vorratsgläser füllen, sofort verschließen.

Abbildung Seite 101

500 g Quitten
500 g fruchtiger Kürbis, z. B. Muscade de Provence
2 getrocknete Chilischoten
4 EL Apfelessig
5 Fenchelsamen
10 Korianderkörner
1 TL geriebener Ingwer
1 Msp Kreuzkümmelsamen
1 unbehandelte Zitrone, davon Zesten
2 Gewürznelken
200 g Zucker
4 dl/400 ml Quittenfond von Schalen und Kerngehäuse, Seite 108
80 g Birnendicksaft

Quitten-Meerrettich-Chutney

1
Die Quitten mit einem trockenen Küchentuch abreiben und waschen. Die Früchte vierteln und entkernen, in gleichmäßige Spalten schneiden.

2
Den Weißwein und den Apfelsaft aufkochen.

3
Den Zucker am besten im Gusseisentopf hellbraun karamellisieren, mit dem Apfelsaft-Weißwein-Gemisch ablöschen. Quitten zufügen, weich garen. Die Hälfte der Quitten herausnehmen und für die Einlage beiseite stellen.

4
Die verbleibenden Quitten pürieren. Meerrettich, Chilischote und Quittenspalten zugeben, aufkochen, von der Wärmequelle nehmen. Mit Zitronensaft, Balsamico, Kräutersalz und Pfeffer abschmecken.

5
Das Chutney in vorgewärmte Vorratsgläser füllen und sofort verschließen.

Abbildung Seite 101

1 kg Quitten
3 dl/300 ml Weißwein
½ l Apfelsaft, naturtrüb
180 g Zucker
30 g frisch geriebener Meerrettich
½ frische Chilischote
½ Zitrone, Saft
1 EL Balsamico
Kräutermeersalz
frisch gemahlener weißer Pfeffer

Quitten-Apfel-Chutney

300 g Quittenpüree, Seite 114
300 g säuerliche Äpfel
100 g Zwiebeln, fein gehackt
1 TL fein geriebener Ingwer
1 Msp Currypaste
150 g Kandiszucker
2 dl/200 ml Apfelsaft, naturtrüb
Kräutermeersalz
frisch gemahlener weißer Pfeffer

1
Die Äpfel schälen, vierteln und entkernen, Fruchtviertel in kleine Würfel schneiden.

2
Sämtliche Zutaten aufkochen, bei schwacher Hitze 30 Minuten kochen, bis das Chutney dickflüssig ist. Mit Kräutersalz und Pfeffer abschmecken.

Abbildung Seite 101

Quitten-Zwetschgen-Chutney

50 g Vollrohrzucker
20 g Zucker
2 dl/200 ml kräftiger Rotwein
½ getrocknete rote Chilischote
1 Zitronengrasstängel
2 dünne Scheiben Ingwerwurzel
1 Sternanis
1 Stück Orangenschale
300 g Zwetschgen, halbiert, entsteint

300 g Quittenpüree, Seite 114
50 g Birnendicksaft
1 EL Zitronensaft

1
Braunen und weißen Zucker am besten in der Gusseisenpfanne hellbraun karamellisieren, mit dem Rotwein ablöschen. Gewürze und Zwetschgen zugeben, aufkochen, Zwetschgen bei schwacher Hitze weich kochen. Gewürze entfernen. Das Zwetschgenmus pürieren.

2
Zwetschgen- und Quittenpüree unter Rühren aufkochen. Birnendicksaft und Zitronensaft unterrühren.

3
Das Chutney in vorgewärmte Vorratsgläser füllen, sofort verschließen.

Abbildung Seite 101

Quitten-Kumquat-Chutney

1
Kumquats waschen. Stiel- und Blütenansatz wegschneiden, die Früchte in feine Scheiben schneiden, entkernen.

2
Die Granatäpfel aufbrechen und die Kerne herauslösen.

3
Quittengelee und Ingwer aufkochen, Kumquats zugeben und weich garen. Granatapfelkerne zugeben, aufkochen. Mit Cayennepfeffer, Portwein und Sojasauce abschmecken. Chutney in vorgewärmte Vorratsgläser füllen, verschließen.

Abbildung, Seite 101

500 g Quittengelee, Seite 112
500 g Kumquats
2 Granatäpfel
30 g Ingwerwürfelchen
1 Msp Cayennepfeffer
$^{1}/_{2}$ dl/50 ml Portwein
1 EL Sojasauce

Rotes Quitten-Kompott

500 g Quitten
3 dl/300 ml Apfelsaft
2 dl/200 ml Randen-/
Rote-Bete-Saft
4 dünne Scheiben
Meerrettich
1 TL Honig
1 TL Meersalz

1
Die Quitten mit einem trockenen Küchentuch abreiben und waschen. Die Früchte schälen, vierteln und entkernen. Die Fruchtviertel in kleine Würfel schneiden.
2
Quitten, Apfel- und Randensaft und Gewürze aufkochen, die Früchte bei schwacher Hitze weich kochen.
3
Das Kompott in vorgewärmte Gläser füllen, verschließen.

Variante
Apfel- und Randensaft durch Karottensaft ersetzen.

Tipp
Die ideale Beilage zu Siedfleisch/Suppenfleisch und Salat. Für einen Salat die Flüssigkeit abgießen und Quitten mit Essig, kalt gepresstem Öl, Kräutersalz und Pfeffer marinieren.

Quittenkompott mit Vanille

1
Die Quitten mit einem trockenen Küchentuch abreiben und waschen. Früchte schälen, vierteln und entkernen. Fruchtviertel nach Belieben in Spalten, Stäbchen oder Würfelchen schneiden.

2
Die Quitten mit dem Wasser und der Vanilleschote aufkochen, bei schwacher Hitze kochen, bis sie «al dente» sind.

3
Die Quitten mit einem Schaumlöffel aus dem Fond nehmen und in vorgewärmte Vorratsgläser füllen.

4
Den Quittenfond durch ein Sieb passieren.

5
Quittenfond, Zucker, Apfelsaft, Vanilleschote und Weißwein aufkochen. Die Gläser bis zum Rand mit dem Fond füllen. Den Glasrand reinigen, das Glas sofort verschließen. Auf den Kopf stellen, auskühlen lassen.

Variante
Für ein Quittenkompott mit Zimt die Vanilleschote durch eine Zimtstange ersetzen. Für ein pikantes Kompott Vanilleschote und Zucker weglassen.

Abbildung nebenan

1 kg Quitten
1 l Wasser
1 Vanilleschote, aufgeschnitten
400 g Zucker
2 dl/200 ml Apfelsaft, naturtrüb
2 dl/200 ml Weißwein

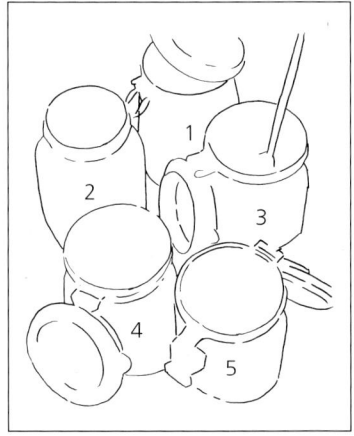

1 Quitten-Feigen-Mus, Rezept Seite 110
2 Quittenkompott mit Vanille, Rezept auf dieser Seite
3 Quittenkonfitüre, Rezept Seite 108
4 Quittenmus, Rezept Seite 108
5 Quittenkompott mit Zimt, Rezept auf dieser Seite

Quittenkonfitüre

1
Die Quitten mit einem trockenen Küchentuch abreiben und waschen. Die Früchte schälen, vierteln und entkernen. Fruchtviertel in Stücke schneiden.

2
Für den Fond die Quittenschalen und die Kerngehäuse in einem großen Kochtopf mit der gleichen Menge Wasser (z. B. 1 kg Fruchtabschnitte und 1 Liter Wasser; mit Früchten ergänzen, wenn das Verhältnis nicht stimmt) aufkochen, einige Stunden bei schwacher Hitze köcheln lassen. Topfinhalt abgießen, den Fond auffangen. Die Fruchtabfälle leicht ausdrücken.

3
Quittenstücke mit dem Wasser (2,5 l) aufkochen und bei schwacher Hitze weich garen. Die Quitten sind gar, wenn man sie zwischen den Fingern zerdrücken kann. Die Quitten abgießen, durch das Passevite/die Flotte Lotte (kleine Lochung) drehen.

4
Quittenpüree, Zucker, Orangensaft und 2 dl/200 ml Quittenfond unter ständigem Rühren aufkochen, kochen lassen, bis die Konfitüre zähflüssig ist und vom Kochlöffel reißt. In vorgewärmte Vorratsgläser füllen, sofort verschließen.

Abbildung Seite 107

3 kg Quitten
2½ l Wasser
500 g Zucker
2 Orangen, davon Saft

Quittenfond
1 kg Schalen und Kerngehäuse
1 l Wasser

Hagebutten-Quitten-Konfitüre

1½ kg Hagebutten
1 l Wasser
1 kg Quitten
Gelierzucker
(Verhältnis Früchte/Zucker 2:1,
d. h. je kg Mus 500 g Zucker)

1
Hagebutten waschen, den Blütenansatz und den Stiel entfernen, Früchte mit einem Messer aufschlitzen, Kerne und Härchen entfernen.

2
Hagebutten mit dem Wasser aufkochen, bei schwacher Hitze zugedeckt weich kochen, in ein Sieb gießen, den Kochsud auffangen und beiseite stellen. Hagebutten durch das Passevite/die Flotte Lotte mit feiner Lochung drehen, beiseite stellen.

3
Quitten mit einem trockenen Tuch abreiben und waschen, schälen, vierteln und entkernen, Fruchtviertel klein schneiden. Die Quittenstückchen in einem Viertel des Hagebuttensuds weich kochen, mit der Flüssigkeit fein pürieren.

4
Quitten- und Hagebuttenmus mit dem Gelierzucker aufkochen, unter Rühren 3 bis 4 Minuten sprudelnd kochen.

5
Hagebutten-Quitten-Konfitüre kochend heiß bis knapp unter den Rand in vorgewärmte Gläser füllen. Sofort verschließen.

Variante
Hagebutten waschen, den Blütenansatz und den Stiel entfernen. Früchte mit wenig Wasser weich garen. Topfinhalt durch das Passevite/die Flotte Lotte mit feiner Lochung drehen, durch ein Spitzsieb streichen, damit auch noch die letzten Kernchen und Härchen aufgefangen werden.

Hagebutte
Nur einwandfreie, frische Früchte verwenden, die nach dem ersten Frost gepflückt worden sind.

Quitten-Feigen-Mus

1
Die Feigen schälen und nicht zu klein würfeln.

2
Den Zucker am besten in einem Gusseisentopf karamellisieren, mit dem Rotwein ablöschen. Die Gewürze zugeben, aufkochen, bei schwacher Hitze auf die Hälfte einkochen, passieren.

3
Rotweinjus, Feigen und Quittenpüree unter ständigem Rühren erhitzen, Birnendicksaft und Zitronensaft unterrühren. Das Mus in einer Schüssel abkühlen lassen.

Abbildung Seite 107

400 g frische Feigen
70 g Vollrohrzucker
2 dl/200 ml kräftiger Rotwein
½ getrocknete Chilischote
5 Wacholderbeeren
1 Sternanis
1 dünne Scheibe Ingwerwurzel
300 g Quittenpüree, Seite 114
60 g Birnendicksaft
1 EL Zitronensaft

Quittensirup

1
Sämtliche Zutaten aufkochen und 30 Minuten bei schwacher Hitze kochen.

2
Den Sirup passieren, in vorgewärmte Flaschen füllen, sofort verschließen.

Abbildung Seite 113

1 l Quittenfond von Schalen und Kerngehäuse, Seite 108
200 g Zucker
1 Sternanis
2 Gewürznelken

schmeckt nicht gut mit Sternanis + Nelken

EINGEMACHTES **111**

Quittendicksaft

1 l Quittenfond von Schalen und Kerngehäuse, Seite 108

Den Quittenfond ohne Zucker bei schwacher Hitze unter gelegentlichem Rühren mehrere Stunden kochen, bis der Saft von honigähnlicher Konsistenz ist. In vorgewärmte Vorratsgläser füllen, sofort verschließen.

Abbildung Seite 113

Quittenlikör

1 kg Quitten
300 g Zucker
4 dl/400 ml Kirschwasser
1 Sternanis
2 unbehandelte Zitronen, abgeriebene Schale
2 EL fein geriebener Ingwer

1
Die Quitten mit einem trockenen Küchentuch abreiben und waschen. Die Früchte auf der Rohkostreibe reiben, mit dem Zucker vermengen. 24 Stunden stehen lassen.

2
Die geriebenen Quitten durch ein Sieb drücken, den Saft auffangen.

3
Quittensaft mit den übrigen Zutaten in eine Flasche mit Verschluss füllen. Flasche 14 Tage an einem hellen Ort stehen lassen. Täglich einmal kräftig schütteln.

4
Den Flascheninhalt filtrieren, d. h. durch ein feines Tuch oder einen Kaffeefilter aus Papier laufen lassen.

Abbildung Seite 113

Quittengelee mit Gelierzucker

Quittenfond, Gelierzucker und Orangenschalen aufkochen, 10 Minuten bei schwacher Hitze kochen. Das Gelee eventuell passieren. In vorgewärmte Vorratsgläser füllen, sofort verschließen.

1 l Quittenfond von Schalen und Kerngehäuse, Seite 108
800 g Gelierzucker
$1/2$ unbehandelte Orange, abgeriebene Schale

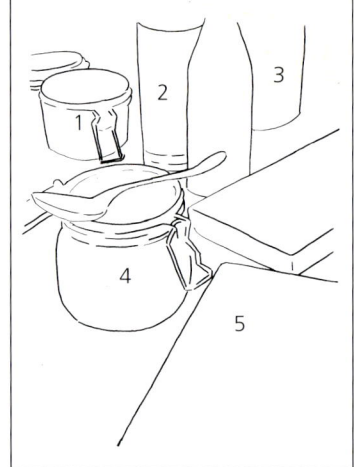

1 Quittendicksaft, Rezept Seite 111
2 Quittensirup, Rezept Seite 110
3 Quittenlikör, Rezept Seite 111
4 Quittengelee, auf dieser Seite
5 Quittenpaste, Rezept Seite 114

Quittenpüree

1
Die Quitten mit einem trockenen Küchentuch abreiben und waschen. Die Früchte schälen, vierteln und entkernen. Die Fruchtviertel in Stücke schneiden.

2
Die Quitten mit dem kalten Wasser aufsetzen, Zucker zugeben, aufkochen, bei schwacher Hitze weich garen. Die Quitten sind gar, wenn man sie zwischen den Fingern zerdrücken kann.

3
Die Quitten durch das Passevite/die Flotte Lotte (feine Lochung) drehen, eventuell noch durch ein Sieb streichen. Nochmals aufkochen. Püree in vorgewärmte Vorratsgläser füllen, sofort verschließen.

2 kg Quitten
$1^{1}/_{2}$–2 l Wasser
100 g Zucker

Quittenpaste

1
Das Quittenpüree mit den übrigen Zutaten aufkochen, unter ständigem Rühren köcheln lassen, bis sich die Masse vom Topfboden löst.

2
Die heiße Paste 2 cm hoch auf Pergamentpapier verstreichen, auskühlen lassen.

3
Aus der Quittenpaste beliebige Formen ausstechen oder schneiden. Im Zucker wenden.

Tipp
Beim Kochen der Quittenpaste braucht man Geduld. Die Masse muss ständig gerührt werden, damit sie nicht anbrennt. Am besten eine beschichtete Pfanne/beschichteten Topf verwenden.

Verwendung
Zum Naschen, als Dessert, als Mitbringsel.

Abbildung Seite 112

1 kg Quittenpüree, Rezept oben
200 g Birnendicksaft
200 g Zucker
$^{1}/_{2}$ dl/50 ml Zitronensaft

Getrocknete Quitten

...ckenen Küchentuch abreiben
... schälen, vierteln und entkernen.
... dicke Spalten schneiden.

... getrocknet werden. Nicht voll
... was hart und müssen im Birnendick-
... l Wasser kommen 40 g Birnen-
... ten gekocht werden.

... Gitter legen und bei konstanter
... trocknen.

... ren. Die Quittenspalten mehrmals
... immer unten einschieben.
Die Dörrzeit beträgt 8 bis 24 Stunden. Gelegentlich mit Fingerdruck kontrollieren. Die Früchte sollen noch weich und elastisch, aber nicht matschig sein. Probe: 1 Stück aufschneiden. Wenn die Fruchtstücke in der Mitte noch einen hellen Streifen haben, müssen sie weiter getrocknet werden.

5

Getrocknete Quitten gut auskühlen und bei Zimmertemperatur zwischen zwei Tüchern ein paar Tage offen ruhen und austrocknen lassen. In gut schließenden Dosen aus beschichtetem Blech oder Kunststoff lagern. Der Lagerort soll trocken, nicht zu warm und staubfrei sein. Während den ersten paar Wochen gelegentlich kontrollieren, ob die Quitten nachfeuchten, was zu Schimmelbefall führen könnte. In diesem Fall müssen die Quitten nachgetrocknet werden.

Grundrezepte

GEMÜSEJUS

Zwiebeln, Karotten, Knollensellerie sowie Knoblauchzehen schälen, zerkleinern, im Olivenöl leicht Farbe annehmen lassen. Tomaten und Tomatenpüree zufügen, kurz mitdünsten.
Den Rotwein in kleinen Portionen zufügen und immer wieder einkochen lassen. Sojasauce und Kräuter zufügen. Mit der Gemüsebrühe aufgießen, bei schwacher Hitze rund 2 Stunden kochen. Jus durch ein Chromstahlsieb (Spitzsieb) passieren.

Tipp
Der Gemüsejus ist im Kühlschrank einige Tage haltbar. Er eignet sich auch zum Tiefkühlen.

1 EL Olivenöl extra nativ
100 g Zwiebeln
100 g Karotten
100 g Knollensellerie
2–3 Knoblauchzehen
2 Tomaten, grob gewürfelt
1 EL Tomatenpüree
$^1/_2$ l fruchtiger Rotwein
1 EL Sojasauce
2 EL gemischte, gehackte Kräuter, z. B. Petersilienstängel, Majoran, Liebstöckel, Thymian, Bohnenkraut
2 l Gemüsebrühe

GEMÜSEBRÜHE

100 g Zwiebeln
100 g Karotten
100 g Knollensellerie
100 g Pastinaken
100 g Lauch
2–3 Knoblauchzehen
1 kleines Stück Ingwerwurzel
1 Zitronengrasstängel
Koriander, Petersilienstängel, Majoran, Liebstöckel, Thymian, Bohnenkraut

1
Zwiebel mit Schale halbieren. Karotten, Sellerie, Pastinaken, Lauch und Knoblauchzehen schälen und zerkleinern.

2
Gemüse mit 2 Liter Wasser in einen großen Kochtopf geben, aufkochen, Gemüsebrühe bei schwacher Hitze 2 Stunden kochen. Während der letzten 30 Minuten Gewürze und Kräuter mitkochen. Topfinhalt durch ein Sieb passieren. Die Brühe auffangen.

Aufbewahren
Die Gemüsebrühe hält sich im Kühlschrank 3 bis 4 Tage frisch. Sie kann auch portionsweise tiefgekühlt werden.

Verwendung
Immer dann verwenden, wenn das Rezept Gemüsebrühe vorschreibt.

Klarer GEFLÜGELFOND

1
Das Suppenhuhn zerlegen oder die Knochen zerkleinern, in einen großen Kochtopf geben und mit Wasser bedecken, aufkochen, in ein Sieb abgießen und mit kaltem Wasser überbrausen.

2
Zwiebel, Lauch und Knollensellerie putzen/schälen, zerkleinern. Den Ingwer schälen und klein würfeln.

3
Die Suppenhuhnteile respektive die Knochen mit den übrigen Zutaten und 2 l Wasser in den Kochtopf geben, aufkochen, bei schwacher Hitze 2 bis 3 Stunden köcheln lassen. Immer wieder abschäumen. Den Topfinhalt durch ein feines Tuch oder ein Sieb passieren. Den Fond erkalten lassen, dann kühl stellen. Nun kann die harte Fettschicht problemlos entfernt werden.

Aufbewahren
Hält sich im Kühlschrank 3 bis 4 Tage frisch. Kann auch portionsweise tiefgekühlt werden.

1 Suppenhuhn oder
500 g Geflügelknochen
200 g Kalbsfuß, zerkleinert
1 kleine Zwiebel
100 g Lauch
100 g Knollensellerie
1 Lorbeerblatt
20 g Ingwerwurzel
½ Zitronengrasstängel

Klarer KALBSFOND

Zubereitung
siehe Geflügelfond

900 g zerkleinerte Kalbsknochen
1 kleine Zwiebel
100 g Lauch
100 g Knollensellerie
1 Lorbeerblatt
½ Zitronengrasstängel

STICHWORT-
VERZEICHNIS

A
Apfel 41, 74, 86, 103
Aphrodite 17
Arteriosklerose 19
Aufzucht 21
Augenwasser 17

B
Baumnuss 90, 94
Baumwollapfel 12
Bohne, getrocknete 46
Bohne, grüne 46, 68
Botanik 13, 21, 23
Bronchialkatarrh 30
Brot 76, 77
Brüsseler Endivie 38, 60
Buchweizen 34
Bulghur 58, 64
Butter, Quitten- 54
Butter, Quitten-Ingwer- 70

C
Cashewkerne 50
Chicorée, weißer 38, 60
Chutney, Quitten-Apfel- 103
Chutney, Quitten-Kumquat- 104
Chutney, Quitten-Kürbis- 68, 102
Chutney, Quitten-Meerrettich- 58, 102
Chutney, Quitten-Zwetschgen- 103
Cicorino rosso 34, 54
Creme, Quitten 92

D
Darmkatarrh 30
Durchfall 17

E
Einkorn 86
Ekzem 19
Entspannung, Muskel- 29
Entspannung, Sehnen- 29
Entzündung 17, 29

Erntezeit 27
Esskastanie 88

F
Feige 110
Feldsalat 34
Fieber 17
Fisch, Wildlachs 68
Fisch, Zander- 70
Fleisch, Hähnchen- 36
Fleisch, Kalb- 64
Fleisch, Lamm- 67
Fleisch, Poulet- 36
Fleisch, Rind- 66
Fond, Geflügel- 120
Fond, Kalbs- 120
Frucht, Botanik 23
Fruchtbarkeit 17

G
Geschwür 18, 19
Gicht 19, 27, 30
Glück 17
Grapefruit 36
Griechen 17
Grütze, Quitten 92
Gugelhupf 90
Gurgelwasser 30

H
Haarwuchs 18, 30
Hafer 42
Hagebutte 109
Halsentzündung 27, 30
Hämorrhoiden 27
Harnblasenentzündung 27, 30
Harnröhrenentzündung 27, 30
Haselnuss 91
Hausgarten 21, 14
Hautausschlag 19, 27
Haut, rissig 17

Herkunft 12, 16
Hildegard von Bingen 19
Hippokrates 17
Husten 30

I
Inhaltsstoffe 26

K
Karl der Große 18
Karotte 42, 51, 52, 57
Kartoffel 50, 52
Kaukasus 16
Kefe 52, 60
Kerne 17, 27, 29
Kerne, getrocknet 30
Kichererbsen 51, 100
Knödel 57
Kosmetika 17
Krokant 91
Küchenpraxis 24
Kumquat 105
Kürbis 51, 102

L
Lagerung 27
Lauch 40, 50, 51, 70
Liebe 17
Liebesapfel 17
Lippen, spröde 17

M
Magenkatarrh 30
Magenleiden 27, 29
Mangold, Schnitt- 58
Marroni 88
Meeresfrüchte, Scampi 41
Meerrettich 102
Moses 17
Mozzarella 56
Mundgeruch 29
Mus, Frucht-, Hausapotheke 30

N
Naturheilkunde 16
Nervosität 29
Nudeln 60, 91
Nüsslisalat 34

O
Omelett 76, 80

P
Paprikaschote 40, 52, 56
Parfait 88
Parmesan 56
Pastinake 54
Peperoni 40, 52, 56
Pfälzer Rübe 42, 51, 57
Pfannkuchen 76, 80
Pflanzung 22
Pflaume, Trocken- 66
Pflege 30
Pilze 41, 42, 57
Pomelo 36
Pudding, Brot- 94

Q
Quitte, apfelförmig 12, 23
Quitte, birnenförmig 12, 23
Quitte, getrocknet 115
Quitte, roh essbare 16, 17 23, 29
Quitte, Wild- 16
Quitte, Zier- 27, 29
Quitten, Chili- 46, 51, 52, 98
Quitten, Curry- 41, 52. 66, 98
Quitten, süßsaure 99
Quittendicksaft 54, 85, 86, 92, 94, 111
Quittenfond 34, 48, 70, 108
Quittengelee 74, 112
Quittenkompott 57, 64, 66, 76, 78, 84, 86, 88, 90, 91, 92, 94, 105, 106
Quittenkonfitüre 74, 108

Quittenlikör 84, 91, 94, 111
Quittenpaste 114
Quittenpüree 100, 114
Quittensirup 40, 64, 92, 110

R
Rachenkatarrh 30
Radicchio 34, 54
Rande 48
Reis 52, 76, 85
Rheuma 29
Romanesco 52
Römer 17, 18
Rote Bete 48
Rucola 34

S
Saft, Hausapotheke 29
Saft, Zierquitten-, Hausapotheke 29
Sellerie, Knollen- 42
Shirin-Quitte 16
Sorten 16, 24
Sojasprossen 52
Sonnenblumenkerne 70
Spinat 64
Synonyme 13

Sch
Schädlingsbekämpfung 14
Schlaflosigkeit 29
Schleim, Quitten-, Hausapotheke- 27, 30
Schwarzwurzel 48

St
Strudel 84

T
Tee, aus Kernen, Hausapotheke 29
Teig, Blätter- 82
Teig, Hefe- 90
Teig, Kartoffel- 74

Teig, Mürbe- 85
Teig, Strudel- 84
Tempeh 42, 51, 58
Tofu 60
Tomate 46, 51, 56
Tortillas 56

U
Urmensch 17

V
Verbreitung 16
Verbrennung 17, 27
Verdauungsorgane 30
Verschleimung 27

W
Wadenkrämpfe 18, 29
Walnuss 90, 94
Wassersucht 18
Wirsing 42, 54
Wirz 42, 54

Z
Zabaione 91, 94
Zuckerschote 52, 60
Zwetschge 103